NAVIGARE VIVERE EST

BOOTSBAU >ORION II<

NAVIGARE
VIVERE
EST

Kleines Vorwort

Also, eigentlich hätte die nachfolgende Geschichte schon viel früher geschrieben werden sollen, aber damals hatte ich noch nicht die „Eingebung" Geschichten zu schreiben. Diese Idee ist mir erst mit dem „Abenteuer Polen" gekommen. Aber da wollte ich auch nur schreiben, wie das alles so gekommen ist, mit Ute, mir und >ORION<, und daraus sind dann die Geschichten „Reiseabenteuer mit >ORION< und >WOTAN<" entstanden. Und da ich schon so viele begeisterte Leser meiner Geschichte gefunden habe, habe ich mich entschlossen, die Geschichten mit meiner ersten >ORION< ebenfalls zu Papier zu bringen.

Es geht in dieser Geschichte um ein kleineres Boot, und um alles, was man mit so einem „Gerät" erleben kann.

Wie alles begann

Nach so einigen Jahren „See-Erfahrung" habe ich im Februar 1974 einen Job an „Land" angenommen. War eine gewaltige Umstellung, aber das Kapitel „Seefahrt" war für mich abgeschlossen, dachte ich wenigstens. Aber wie das Leben eben so spielt, kam alles nun doch ein wenig anders. Da ich die Wochenenden, und den Urlaub irgendwie sinnvoll verbringen wollte, kam mir die Idee, mir ein Wohnmobil aus einem alten Bus zu bauen. Aber bei dem Gedanken, an den Wochenenden und im Urlaub doch viel Zeit in irgendwelchen Staus zu verbringen, habe ich diese Glorreiche Idee schnell wieder verworfen, und kam zu der Erkenntnis, das die „Freiheit" wohl doch auf dem Wasser liegt. Also musste ein Boot her!! Aber zu klein sollte das ja auch nicht sein, ich wollte ja an den vielen schönen Wochenenden und ja auch im Urlaub diese Freiheit genießen. Alles gut und schön, ein größeres Boot hat ja auch meistens eine etwas größere Maschine. Ein Segelboot kam für mich, als „Maschinenmensch", nicht in Frage, Segeln ist nun mal nicht mein Ding. Also musste ein „Bootsführerschein" her. In ELSFLETH, beim SWE, lief gerade so ein „Führerscheinkurs". Ich konnte mich noch anmelden, und vierzehn Tage später hatte ich den Amtlichen Bootsführerschein für Binnengewässer und für die See.
Als nächstes kam nun der „Bootskauf". Na, mal sehen!!!
Ich hatte noch nie ein Sportboot von innen gesehen, also Ahnung null!! Von außen hatte ich ja schon viele im Fischereihafen , als ich mal kurzzeitig als Inspektor der „Hochseefischerei NORDSTERN" tätig war, am Fenster vorbeifahren sehen. Diese Boote kamen meistens von der Marina „Kuhlmann" oder vom Yachthafen Bremerhaven

- Wulsdorf. Aber, wie gesagt, ich hatte keine Ahnung von „Einhebelschaltung", „Zweihebelschaltung", „Borg-Warner-Getriebe", „Z-Drive", und vieles mehr. Das erste Boot, welches mir angeboten wurde (ein neues Boot war für mich viel zu teuer), lag beim Yachthändler „Gieschen" in Bremen-Burg. Das Schiff stand aufgebockt in der Halle, hatte ein offenes „Cockpit" (ich wusste inzwischen was das ist), hatte eine Dieselmaschine, war neun Meter lang und ca. dreimeterdreißig breit, und aus Holz gebaut. Obwohl ich auf einem neun Meter langem Motorboot die praktische Bootsführerscheinprüfung gemacht hatte, schien mir das aufgebockte Boot viel zu groß!!! War also nix für mich. Dann wurde mir ein Boot, welches im Yachthafen Bremen Grohn lag, angeboten. Lag also im Wasser, und schien mir auch recht handig zu sein. Hatte auch einen Dieselmotor und ein offenes Cockpit. Nur was mir absolut nicht gefiel, war eine Chemietoilette, die vorne zwischen den Kojen stand. War also auch nix für mich!!! Aber dann wurde mir ein Boot angeboten, was später meine „Ewige Baustelle" sein sollte. Das Schiffchen lag im „Oldenburger Yachtclub", war 7,80 Meter lang, 2,70 Meter breit, und hatte 0,80 Meter Tiefgang, hatte ein „riesig großes" Cockpit, einen 50 PS Benzinmotor von VOLVO, ein mechanisches Wendegetriebe mit einem unendlich langem Schalthebel, und hatte einen „Salon" und einen separaten Waschraum mit Seetoilette. Das Boot gefiel mir sofort, und nach einer Probefahrt nach ELSFLETH und zurück nach Oldenburg, habe ich das Schiff gekauft.

Nun hatte ich einen Bootsführerschein und auch noch ein Boot, ganz toll. Aber, wohin mit dem Schiff????? Da ich ja schon für den Führerscheinkurs in den SWE (Segelclub Weswestrand Elsfleth) eingetreten war, konnte ich in unserem „Nebenhafen" in Elsfleth-Lienen, an einer Boje festmachen. War etwas umständlich, da ich immer mit dem Gummikreuzer zum Boot, und zurück fahren musste, aber was soll's, die „Freiheit" hatte begonnen!!!

Nach ein paar Wochen haben wir (meine Clubkameraden und ich) einen provisorischen Steg an die vorhandene Steganlage angebaut, und somit hatte ich für mein Boot, welches ich auf den Namen >ORION< getauft hatte, einen doch einigermaßen vernünftigen Liegeplatz.

Tja, nun hatte die „Seefahrt" mich doch wieder in ihren „Bann" gezogen!!!

Die ersten Versuche ein Boot zu beherrschen

Da ich ja nun mit dem Boot zurecht kommen musste, meine damalige Bekannte hatte auch keine Ahnung vom „Bootfahren", war „Üben, üben, üben" angesagt. Wenn der Motor erst lief, und die Leinen los waren, konnte keiner mehr helfen. Hat aber alles so leidlich geklappt.
Vorausfahrt war ja noch ganz einfach, Getriebehebel nach vorne, den kleinen Gashebel auch nach vorne, wunderbar!! Das Schiff hatte einen sehr schlanken Bug, und lief sehr gut. Beim Anlegen passierte es dann des öfteren, das die Maschine einfach stehen blieb. Getriebehebel zum abstoppen nach hinten, Gashebel instinktmäßig auch nach hinten, dadurch zu wenig Gas, und Maschine stopp, Sch……!! Bedurfte also längerer Übung!! Gefiel mir überhaupt nicht!!! Habe mir bei Freunden auf ihren Schiffen die Sache mal angesehen, und siehe da, es gibt ja auch „Einhebelschaltungen". Also musste ich die gesamte Gashebel- und Getriebeschaltung umbauen. War Arbeit für den nächsten Winter, wenn das Boot an Land steht. Was mir als nächstes nicht gefiel war, das Boot hatte keinen Wassertank. Da ich ja mittlerweile so langsam dahinter kam, was es so alles im Sektor „Sportboot" gibt, taten sich natürlich so allerhand Wünsche und Vorstellungen auf. Auf meiner >ORION< war jedenfalls lediglich ein 35 Liter Wasserkanister mit Wasserhahn im Waschraum an die Wand aufgehängt. Wie gesagt, ich hatte von Sportbooten keine Ahnung, damals!!!! Also, Arbeit für`s Winterlager!!! Im Cockpit waren lose aufgelegte Bretter verlegt, musste auch

geändert werden. Der Vorbesitzer ist nur auf Weser und Hunte gefahren, auf See war der mit Sicherheit nicht.
Na ja, nun kam der Herbst, und meine >ORION< musste ja auch an Land. Der SWE hatte damals noch den Hauptanleger beim Elsflether Bahnhof, und auch Winterlagerflächen, aber da war kein Platz mehr. Ich habe dann bei einem Bauern in Elsfleth-Lienen, in einer leeren Scheune, einen wundeschönen, praktischen Liegeplatz bekommen, mit Strom und Wasser. Einen Bootswagen hatte ich für das Boot. Ich habe das Boot in den Industriehafen von Elsfleth gefahren. Dort mit einem Hafenkran das 4 Tonnen schwere Boot auf den Bootswagen gesetzt, und mit einem Unimog 3 Km weiter nach Elsfleth-Lienen gefahren, und in die Scheune geschoben, und die Änderungs- und Überholungsarbeiten konnten beginnen. Inzwischen hatte ich mich auf den Schiffen meiner Freunde umgesehen, und mir jede Menge Tipps geholt. Ich konnte mein Wissen über Sportboote gewaltig ausbauen, und meine Phantasie fing auch schon an „Blasen" zu schlagen.
Das größte Problem war, die Getriebeschaltung mit dem gewaltigen Schalthebel auf Einhebelschaltung umzubauen. Die Bowdenzüge für die Schaltung haben ja nur einen Schaltweg von ca. 6 cm. Der Gaszug war kein Problem. Der Getriebehebel musste also soweit gekürzt werden, das ich auf einen Schaltweg von Voraus, über Null bis Zurück auf ca. 6 cm kam. Das Problem war nun, das sich dieses mechanische Getriebe mit einem dermaßen eingekürzten Schalthebel mit einem normalen Bowdenzug nicht mehr bewegen lässt. Außerdem macht eine normale Einhebelschaltung diesen Kraftaufwand nicht mit. Die erforderliche Einhebelschaltung habe ich dann selbst angefertigt, natürlich aus Edelstahl. Als

Bowdenzug musste ein Kugelgelagerter Zug aus einem P&H-Bagger herhalten. Hat funktioniert!! Nun hatte meine >ORION< auch eine Einhebelschaltung.
Einen größeren Wassertank konnte ich im Vorschiff einbauen, mit Füllstutzen an Deck, und einer Pumpe, die mit dem Wasserhahn bedient wurde.
Der Cockpitboden wurde mit Wasserfesten dicken Sperrholzplatten ausgelegt, mit entsprechenden Luken für die erforderlichen Bedienungselemente, die unter den Flurplatten lagen.
Im laufe der Winterlagerarbeiten hatte ich festgestellt, das im Kielbereich, vom Vorbesitzer, durch Rechnungen nachgewiesen, von einer Werft gepflegt, diverse Durchrostungen waren. Neue Stahlplatten wurden im Kielbereich aufgeschweißt, und das Schiff war wider dicht. Die neue Saison konnte beginnen.
Meine >ORION< schwamm wieder und alles war OK. Die ganze Arbeit war „Schnee von gestern", und alles funktionierte. Konnte ich ja nun vernünftige Manöver fahren!!!
Im laufe der Saison fuhren wir des öfteren nach Bremen und ankerten vor dem Weserwehr, oder wir fuhren nach Oldenburg zum Oldenburger Yachtclub. Auch nach Bremerhaven haben wir uns getraut, und haben an der Geeste festgemacht, oder auch durch die Schleuse in den Fischereihafen.
Aber wie das bei mir so ist, im laufe der Saison habe ich dann doch so einige Mängel festgestellt, die, der Bequemlichkeit zu dienen, doch sicherlich geändert werden können. Da war zum Beispiel die sehr bequeme Sitzecke, die zum Schlafen in eine „Liegewiese" umgebaut werden musste. Da ließ sich doch sicher was ändern. Das nächste Winterlager kommt bestimmt!!!

Der Volvo Benziner lief eigentlich wie ein Uhrwerk. Keinerlei Probleme, bis auf die Tatsache, das ich unmittelbar nach dem starten der Maschine nicht losfahren konnte, da dann beim Einlegen des Getriebes der Motor einfach stehen blieb. Nach ca. 10 Minuten Warmlaufzeit war alles OK. Wenn ich mal schnell ablegen musste, ging das nur mit erhöhter Drehzahl, aber das tut dem Getriebe überhaupt nicht gut. Das war aber ein kleines Übel, damit konnte ich leben. Das größere Übel war das Getriebe. Bei Getriebestellung „NULL" machte das Schiff noch weiterhin Fahrt voraus. Die Vorauslamellen im Getriebe waren dann zwar gelöst, wurden aber durch das Getriebeöl noch immer mitgenommen, die Welle drehte also noch immer voraus, nicht Kraftschlüssig, aber immerhin konnte ich nicht auf der Stelle stehen bleiben. Dünneres Öl brachte auch nicht die Lösung. Also wieder mal die Gehirnzellen mobilisieren!!! Na ja, unser Schiff ist eben ein Loch im Wasser, in welches wir unser ganzes Geld werfen!!! Außerdem brauchte ich mir über Arbeitsmangel während des nächsten Winterlagers keine Gedanken machen.
Und das nächste Winterlager kam, und meine >ORION< fand wieder einen Platz bei „meinem Bauern" in Elsfleth-Lienen. Außerdem konnten drei meiner Mitstreiter mit ihren Booten auch dort unterkommen. War toll, war ich doch auch im Winter nicht alleine bei der Arbeit. Da konnte man sich viel besser austauschen und gegenseitig auch mal helfen.
Wie schon angedeutet, der Salon wurde umgebaut. Das Vorschiff bekam eine feste Koje für zwei Personen. Im Salon habe ich eine Pantry mit ausziehbarem Tisch eingebaut, der Waschraum wurde vergrößert, und das Waschbecken bekam einen Unterflur 5 Liter-Boiler .und

eine Einhebel-Mischarmatur. Zu tun hatte ich, wie man sieht, immer genug.

Meine Freunde haben schon immer gelacht, und gefragt wie oft ich noch das Schiff umbauen wolle, und jedes Jahr war meine Antwort, das sei das letzte mal!! Wie man sich doch täuschen kann!!!!

Im Sommer haben wir das Boot sehr viel genutzt, aber auch sehr oft ich alleine. Habe sehr viel mit dem Boot geübt. Beim „Rückwärtsfahren" hatte ich sehr viele Probleme mit dem „Radlaufeffekt". Durch die „Rechtsdrehende Schraube" drehte beim Aufstoppen und beim Rückwärtsfahren das Heck sehr stark nach links. Durch die Bauart lag das Heck nur wenige Zentimeter im Wasser. Hatte dem Radlaufeffekt also nicht viel entgegenzusetzen. Durch Einschweißen eines Bleches vom Kiel bis zur Ruderhacke konnte ich dieses Problem weitestgehend beseitigen. Das Boot wurde immer besser und vor allen Dingen auch praktischer.

Ich weiß nicht mehr so genau in welchem Jahr ich was umgebaut habe, aber im Sommer 1979 kam mir die Idee, da die Persenning für das doch recht große Cockpit so ziemlich hinüber war, und mit den Reißverschlüssen und Fenstern doch so einiges kosten würde, das ganze Achterschiff umzubauen. Ich wollte einen geschlossenen Salon aufbauen. Aber wie??? Wie würde das aussehen??? Was macht die Stabilität??? Welche Materialien??? Jetzt sitzen wir, wenn Gäste an Bord sind, alle gemeinsam im Cockpit. Was ist nach dem Umbau??? Eventuelle Gäste sonnen sich während der Fahrt vorne an Deck, und ich sitze im geschlossenen Salon am Fahrstand und schwitze mir die Badehose durch!!! Nee, geht überhaupt nicht!!! Das entgültige Ergebnis meiner Überlegung war, auf dem Salon musste noch eine

„Flybridge" mit zweitem Steuerstand. Eine äußerst gewagte Vorstellung, aber machbar??? Es folgten so einige schlafarme Nächte. Wie sieht das denn aus, eine „Flybridge" oben auf dem Salondach??
Na, mal sehen. Ich habe mir ein Modell gebaut, und siehe da, gar nicht so schlecht!! Musste ich „nur" noch das Gewicht, und die Verteilung in den „Griff" bekommen.
Musste ich doch meine schlummernden Kenntnisse vom Schiffbau aus meinem Studium in meinem Gehirn aktivieren, und dann ging die Rechnerei und Zeichnerei los, mit dem Ergebnis, das es funktioniert, auch auf See!!!
Das Gerippe für den Salon habe ich aus Vierkant-Stahlrohr gebaut und mit dem Stahlrumpf verschweißt. Die Verkleidung wurde aus 3 mm starkem Seewasserfestem Aluminium angefertigt und verschweißt. Die Fenster habe ich aus 6 mm Röhm-Plexiglas, in Alurahmen gefertigt. Die Salontüre wurde eine Alu-Schiebetüre. Den Flybridge-Aufbau habe ich aus Seewasserfestem Sperrholz gebaut. Sollte eigentlich nur als Muster dienen, und später aus Aluminium gefertigt werden. Aber, es ist ja bekannt, das nichts länger hält als ein Provisorium. Ich habe das Schiff etliche Jahre später auch so verkauft!! Die Reling wurde aus einzölligem VA-Rohr mit 3 mm Wandstärke gebaut, und mit dem Salonaufbau verschraubt. Eine VA-Leiter führte nach oben zur „Fly". Gegengewichte kamen ins Schiff, und am Kiel habe ich 10 mm Stahlplatten, 400 X 30 cm angeschweißt.
Bauseitig fertig!! Musste „nur" noch die Motorüberwachung mit allen Funktionen, wie „Anlassen", „Abstellen", Alarme, Steuerung, Sprechverbindung, und als schwierigstes die Getriebe-

und Gas-Schaltung nach oben zur „Fly" verlegt werden. Jetzt wird`s schwierig!!!
Einen zweiten, sündhaft teueren Bowdenzug aus einem P&H-Bagger zur „Fly" zu verlegen, und auch noch eine zweite Einhebelschaltung anzufertigen, schien mir wenig sinnvoll. Das Schiff sollte ja, je nach Wetter, vom inneren Fahrstand, oder von der „Fly" gefahren werden können. Also musste ein völlig neues Schaltungskonzept gefunden werden. Nun mussten meine „Grauen Zellen" wieder mal herhalten. Die Lösung war: DRUCKLUFT!!! Für die Betätigung des kurzen, schwergängigen Getriebeschalthebels habe ich dann einen, allerdings sehr teueren, 3-Stellungs-Pressluftzylinder eingebaut. Dieser wurde dann über ein Steuerventil angesteuert. Und dieses Steuerventil konnte per handelsüblicher Einhebelschaltung betätigt werden. Für die Druckluftversorgung habe ich dann eine 10-Liter Druckluftflasche mit Druckminderventil ins Schiff eingebaut. Der Druck reichte dann bequem für die ganze Saison. Die Handelsüblichen 12-Volt-Kompressoren konnten dieser Belastung nicht standhalten, auch nicht bei Parallelschaltung von 2, oder 3 Kompressoren. Auch eine elektrische Schaltung, die diese Kompressoren völlig drucklos anlaufen ließen, hat nichts gebracht. Die verbauten Kunststoffzahnräder zerbröselten innerhalb kürzester Zeit. Ich hatte damals sogar von der Elektronikfirma „CONRAD" eine ganze Tüte voller Ersatzzahnräder kostenlos bekommen. Aber es war zwecklos!! Zwei Differentialschalter, jeweils für Gas und Getriebe, kamen noch zum Einsatz, und nun hatte meine >ORION< zwei Fahrstände.

Bis dahin hatten wir allerdings nicht so sehr viele Betriebsstunden pro Jahr auf dem Betriebsstundenzähler zu verzeichnen. So etwa 50 bis 60 Betriebsstunden pro Jahr. Unser Fahrtgebiet zog sich im Norden schon mal bis nach Bremerhaven, bis in die Geeste, und in Richtung Süden ging die Fahrt entweder nach Bremen, oder nach Oldenburg. Das sollte sich aber nun schlagartig ändern. Das Schiff wurde ja immer besser, und wir immer mutiger. Ins Binnenland zu fahren war nicht mehr interessant genug, außer mal nach Holland, aber das ist ja auch was ganz anderes, eben Holland!!
Na ja, unseres zukünftiges Fahrtgebiet lag nun mehr in der Nordsee und den Ostfriesischen Inseln, auch die Ostsee wurde von uns befahren. Allerdings benötigen diese Fahrtgebiete ein wenig mehr Zeit, immer vom Heimathafen Elsfleth aus gesehen. Waren aber auch anspruchsvoller und interessanter. Man muss eben so einiges mehr beachten, als bei der Binnenschifferei, obwohl diese es auch in sich hat, und die Außenweser schon ganz schön breit ist. Und „Ruppig" werden kann es da auch schon mal.

Aber, die erste Fahrt mit unserer umgebauten ORION, also mit Flybridge, ging nach Minden, am Wasserkreuz von Weser und den Mittellandkanal. Das hat alles wunderbar funktioniert, und somit konnte ORION auch auf der Außenweser getestet werden, mit vollem Erfolg. Da wir viel Platz im Schiff gewonnen hatten, und uns auch noch die Flybridge zur Verfügung stand, von wo wir nun auch noch ohne „Motorgebrumme" in aller Ruhe die „Seefahrt" genießen konnten, stand der Erkundung weiterer Fahrtgebiete nichts mehr im Wege.

Trockenfallen Blauortsand

Trockenfallen an der Elbe

Allerdings bestand das Problem, das bei „NULL"-Stellung des Getriebes, das Boot weiterhin Fahrt machte, immer noch!! Aber auch das Problem ließ sich doch sicherlich auch noch lösen!?!? Nach so einiger Überlegung bekam die Propellerwelle eine Bremsscheibe mit Bremssattel und Bremsbelägen nebst zugehörendem Bremsgeber, der durch den Getriebeschalthebel gesteuert wurde, verpasst. Bei „NULL"-Stellung des Getriebes zog nun die Bremse an, und die Welle stand still. Problem gelöst!!! Ach ja, die Rudersteuerung erfolgte über Seilzug. Die Rudersteuerung von der „Fly" erfolgte ebenfalls per Seilzug. Wer jetzt denkt, das war`s an Technik auf meiner kleinen >ORION<, der hat sich gewaltig getäuscht!! Per Servomotoren für Gas und Rudersteuerung, sowie 12-Volt-Steuerventile für`s Getriebe, konnte ich mein Boot sogar Fernsteuern.

Es liest sich zwar so, aber ich habe nicht nur am Boot gebastelt, nein, nur im Winterlager!! Der Sommer gehörte immer der recht vergnüglichen Bootsfahrerei, während der wir allerdings auch so etliche mehr oder weniger erfreuliche Situationen zu bestehen hatten.

Da ich Berufsmäßig im Rohrleitungs- und Anlagenbau tätig war, und wenn ich dann eine Baustelle hatte, in deren Nähe ein Yachthafen war, habe ich meine >ORION< in diesen Yachthafen verlegt, und habe dann dort einen Liegeplatz gemietet. Man kann eben am schönsten auf dem eigenen Boot leben.

Ich glaube es war im Jahre 1982. Wir hatten unseren Urlaub in der Ostsee verbracht, und waren auf der Rückfahrt. Es war Freitag, und wir hatten noch zwei Tage Zeit. Ich sollte eigentlich eine Baustelle in Heide übernehmen, und wir wollten eigentlich über Hamburg, die Elbe runter, und nach Büsum fahren. Dort wollte wir unser Schiff im Büsumer Yachthafen festmachen. Von dort aus war es nicht weit bis nach Heide, zur Baustelle. Vorsichtshalber hatte ich am Freitagabend meinen Chef angerufen, ob das alles so bleibt. Leider mussten wir umdisponieren, die Vorbereitungen für die Baustelle in Heide waren noch nicht so weit, und ich solle doch erst mal nach Oldenburg ins Büro kommen. War ja auch nicht weiter schlimm, nur wurde die Zeit knapp. Montag musste ich ja wieder Arbeiten. Trotzdem hatten wir noch einen schönen Abend, mit unseren Freunden aus Bergedorf. Also sind wir am Samstagmorgen in Hamburg losgefahren, und zwar bis Cuxhaven. Im Yachthafen von Cuxhaven haben wir in Ruhe übernachtet, und haben dann am Sonntagmorgen die Leinen losgemacht, um am Sonntagabend in Elsfleth, im Heimathafen, zu sein.

Nun gibt es zwei Möglichkeiten für diese Fahrt. Die Eine wäre die Fahrt von Otterndorf durch die Deichschleuse in den Hadelner Kanal, durch die Schleuse Lintig in die Geeste, durch die Geesteschleuse nach Bremerhaven, und von dort über die Weser nach Elsfleth. Die zweite Möglichkeit ist die Fahrt an Neuwerk vorbei, den Weser-Elbe-Wattweg nach Bremerhaven, und weiter nach Elsfleth.

Da die Schleuse Lintig ihren Dienst am Sonntagmittag einstellte, blieb uns, wenn wir bis Sonntagabend in Elsfleth sein wollten, keine andere Wahl, als durchs Watt zu fahren.

Also, ab durch die Mitte, d.h. durchs Watt. Kein Problem, Wetter war super. Wir hatten den 25.September 1982. Wenn man durchs Watt fährt, fährt man an der

Insel Neuwerk vorbei, und folgt dann dem „Prickenweg",
markierte Fahrrinnen im Watt. Am Ende eines
„Prickenweges" stehen drei Pricken, und irgendwo am
Anfang des nächsten „Prickenweg" stehen wieder drei
Pricken.

Wie gesagt, das Wetter war Super, und wir fuhren von
oben, von der Flybridge. Plötzlich, aus heiterem Himmel,
wurde es fast stockfinster, Starkwind kam auf, der eine
„Prickenweg" war gerade zu Ende, und der Nächste war
nicht mehr zu sehen. Ich wusste zwar die Richtung, aber
ich konnte nicht ausmachen wohin der Wind uns trieb.
Und schon saßen wir fest, aufgelaufen!!!
Na ja, es vergingen noch so ca. 2o Minuten, und der
Spuk war vorbei!! Die Sonne schien, der Wind war weg,
und die Sicht Meilenweit. Wir waren einige Meter
abgetrieben, und saßen, wie gesagt , fest. Nix zu machen,
und obendrein war auch noch fast Hochwasser. Wenn es
kommt, dann aber richtig. Watt nu??? Montag zur Arbeit,
war wohl nix. Zu allem Überfluss hatte im Urlaub irgend
jemand unser Gummiboot zerstochen, und UKW-Funk
hatte ich auch noch nicht!! Wir saßen also fest in
Eversand, im Watt, haben Notsignale gesetzt, und
versucht uns bemerkbar zu machen. In der Ferne konnten
wir die Schiffe vorbeifahren sehen. Aber uns sah wohl
niemand. Aber das liegt wohl auch daran, das etliche

Bootsfahrer auch schon mal Urlaub im Watt machen, und sich „Trockenfallen lassen". Haben wir ja auch oft gemacht. Nur zu dieser Jahreszeit weniger. Wir haben uns erst einmal in aller Ruhe angesehen von wo das Wasser zuerst kommt, wenn es nach Niedrigwasser wieder aufläuft. Die Richtung haben wir dann mit Stäben markiert und in der Höhe, die wir brauchten, markiert. Zum Glück hatten wir Wasser und Verpflegung reichlich an Bord. Nur leider nicht genügend Glimmstengel. Beim ersten Hochwasser habe ich dann die Maschine gestartet, und mit viel Mühe das Schiff in die Richtung gedreht, woher das Wasser zuerst kommt. Aber zu mehr hat es leider nicht gereicht. 12 Stunden später, beim nächsten Hochwasser, haben wir den gesamten Ballast, in Form von schweren Stahlplatten, die ich ganz unten im Schiff verstaut hatte, um den Schwerpunkt an die richtige Stelle zu bekommen, an Deck, auf eine Seite, um durch Schräglage den Kiel etwas anzuheben, gelegt. Dann wieder die Maschine an, und versucht das Schiff zu bewegen. Und das ca. alle 12 Stunden. Mal sind wir einige Meter weiter, in Richtung tieferes Wasser gekommen, mal auch nicht. Aber, wie gesagt, das Wetter war super, und eigentlich ging es uns gut, und unserm Yorkshire Terrier FELIX ebenfalls. Nach drei Tagen und Nächten, in denen wir immer wieder von kurz vor, bis kurz nach Hochwasser unsere Maschine gequält haben, lief das Wasser etwas höher auf. Jetzt oder nie!!! Sämtliche Stahlplatten wurden über Bord geworfen, und Vollast!! Das Schiff nahm so ganz langsam Fahrt auf, und nach ein paar Minuten waren wir wieder frei !!! War das ein herrliches Gefühl, wir fuhren wieder, und nahmen Kurs Richtung Heimat. Aber zu Hause waren wir noch lange nicht!!! Durch die dauernden Versuche, mit Vollast frei zu kommen, hat meine Maschine unwahrscheinlich viel Benzin verbrannt, und auf einmal waren die Tanks so gut wie leer. Da ja immer noch ein paar Liter in den Tanks verbleiben, je nach Lage das Schiffes, konnte ich den einen Tank über den Füllstutzen mit einer Pumpe leer saugen, und in den anderen Tank einfüllen. Ein „Tropfen auf den Heißen Stein", aber es hat vorerst einmal gereicht. Ganz in der Nähe verrichtete ein Fischer seine Arbeit. Da sind wir dann ran, und haben ihn gefragt, ob er zufällig Benzin an Bord hat?? Hatte er aber nicht, aber er sagte uns, ein paar Meilen weiter läge der Seenotrettungskreuzer der DGzRS vor Anker, und die haben immer Benzin an Bord. Den Rettungskreuzer konnten wir zwar noch nicht sehen, aber der freundliche Fischer gab uns den Kurs an, und versprach, den Seenotretter schon mal über Funk zu verständigen. Da wir aber nicht wussten, ob wir noch genügend Sprit im Tank hatten um den Rettungskreuzer zu erreichen, versicherte er uns, wenn er sein Netz oben hat, kommt er zur Not hinter uns her und bringt uns hin. Netter Mensch!!! Wir sind dann langsam, Spritsparend, weitergefahren, und haben kurze Zeit später unseren „Retter" gesehen. Wir sind sogar noch mit eigener Kraft bis zum Seenotretter, auf dessen Deck schon die Mannschaft stand, um sofort die Leinen zu übernehmen, gekommen. Ganz toll!!! Die Männer haben sich unsere Geschichte angehört, aber Benzin hätten sie schon seid langem nicht mehr an Bord, und meinten, das sie Nachmittags nach Bremerhaven fahren, und uns dann in Schlepp nehmen. Der Tag sei sowieso hin, und wir sollten es uns erst mal gemütlich machen. Ob wir noch genügend zu Essen und Trinken an Bord hätten?? Hatten wir!! Aber wir konnten von ihrem Schiff aus erst einmal

in der jeweiligen Firma anrufen, und erklären, warum wir noch nicht erschienen seien. Mein Chef hatte gedacht, da das mit der Baustelle in Heide noch nicht so weit sei, und das Wetter noch schön sei, hätte ich noch ein paar Tage Urlaub angehängt. Bei meiner Partnerin war das nicht anders. War also alles oK. Zigaretten für meine „Steuerfrau" gab es auf dem Seenotrettungskreuzer auch!!!
Die Männer vom Seenotrettungskreuzer sind ja „Selbstversorger", und somit hatten unsere „Retter" auch ihre Aalreusen draußen liegen. Nachmittags, nachdem wir mit den „Rettern" Kaffee getrunken hatten, und sie uns das ganze Schiff gezeigt hatten, fuhren zwei Leute mit dem Tochterboot raus, und machten ihre Aalreusen leer. Der Aaleimer stand an Deck, etwas Salz wurde über die Aale geschüttet, und der Tanz ging los: Felix schnappte sich einen sich windenden Aal, und tobte über Deck. Einer hinter den Aal her, und ich hinter Felix her. War sicher lustig anzusehen. Anschließend sind wir wieder auf unser Schiff, und der Anker wurde gelichtet. Kurs Bremerhaven!!! Im Hafen angekommen, konnte ich sogar noch meine Maschine starten, und mit eigener Kraft anlegen. Wir konnten uns nur noch mit einer guten Flasche Whisky bedanken. An der nächsten Tankstelle haben wir dann ein paar Kanister Benzin geholt, haben getankt, und sind weiter nach Elsfleth gefahren. Alles gut überstanden. Eine gute Woche später haben wir unser Schiff dann doch nach Büsum gefahren.
In diesem Winter habe ich dann auch mein „Funkzeugnis" bei der Deutschen Bundespost gemacht, und habe auch ein UKW-Funkgerät in meine >ORION< eingebaut. So etwas sollte mir ja wohl nicht mehr wiederfahren!!! Aber…….schauen wir mal!!!

Im Jahr darauf, ich hatte eine Baustelle in Gelsenkirchen, hatten wir uns überlegt, das Schiff den Sommer über an die Elbe, und zwar nach Stove, kurz vor Geesthacht, zu verlegen. Da war eine große Bucht an der Elbe, und ein riesig großer Campingplatz. In der Bucht, die im Tiedengewässer lag, befand sich ein ehemaliger Anleger für damalige Rundfahrtschiffe, die fuhren aber schon lange nicht mehr, und der Anleger wurde nicht mehr genutzt, und die schwimmenden Pfähle waren dementsprechend marode. Der Zubringer und die Treppe waren aus verzinktem Stahl gefertigt, und waren noch total in Ordnung.

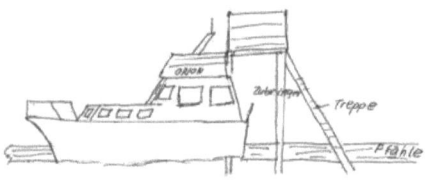

Wir durften unser Boot den ganzen Sommer dort kostenlos festmachen, toll!! Da der „Anleger" im Sommer so ab und an von Campern, oder Wasserwanderern genutzt wurde, und wir ja nur an den Wochenenden an Bord waren, haben wir unser Schiff an der „Innenkante" festgemacht, um die „Außenseite" für die kleinen Boote freizuhalten. Bei „Niedrigwasser" lagen wir allerdings fest, aber das war für uns kein Hindernis. An den Wochenenden trafen wir uns, meine

„Steuerfrau" von Hamburg, und ich von Gelsenkirchen kommend, in Stove. Meistens sind wir dann ein paar Kilometer die Elbe abwärts gefahren, haben geankert, und haben es uns gut gehen lassen. Manchmal sind wir auch einfach am Anleger geblieben. Öfters hatten wir auch Gäste an Bord, haben gegrillt und kleine „Elbtouren" gemacht. Es war jedenfalls immer Lustig und schön. Bis….., ja bis wir fast abgesoffen wären!! Wie konnte das angehen??? Da sind mehrere Dinge zusammengetroffen: zum einen war da die Tide, mit einem Tidenhub von ca. drei Metern, dann war da der Stählerne Zubringer, und außerdem spielte die Tatsache, das wir eine offene Seetoilette an Bord hatten, eine wichtige Rolle. Das Schiff musste, damit es nicht bei auflaufendem Wasser unter den Anleger gedrückt wurde, entsprechend abgesichert werden. Nun sind wir eines abends, bei ablaufendem Wasser, von Bord gegangen, um in dem sehr schönen, gemütlichem Campingplatzrestaurant zu essen. Als wir wieder an Bord wollten, stellten wir fest, das unser Boot noch viel zu tief lag, um ohne viel Kletterei an Bord zu gelangen. Also drehten wir um, und genehmigten uns noch ein paar „Charlys". Etwas später konnten wir über das Geländer des Zubringers auf unsere Flybridge hinunter steigen. Bis zum Bett war es dann auch nicht mehr weit. Angenehme Nachtruhe!!! Irgendwann in der Nacht wurde ich wach, irgendwo plätscherte Wasser. Na ja, ist wohl ein Schiff auf der Elbe vorbei gefahren?!?! Irgendwie ist dann aber meine Hand aus unserer schmalen Koje gefallen?? Wasser!!! RAUS, Wir saufen ab!!! Quatsch, war die Antwort meiner „Steuerfrau". Aber als sie dann, bedingt durch die Schräglage des Bootes, aus der Koje rollte, und im Wasser landete, war sie urplötzlich hellwach. Ich hatte inzwischen entdeckt, das daß Wasser durch die offene Seetoilette kam. Ein offenes Rohr mit 100 mm Durchmesser. Wieso??? Ich habe das Rohr mit einem riesigen Handtuch verstopft, und habe nach der Ursache gesucht, und auch sofort gefunden. Das Schiff hatte sich, weil ich es nicht nach vorne abgesichert hatte, bei dem auflaufendem Wasser mit einer Ecke der Flybridgereling unter dem Zubringer verklemmt, und dadurch wurde das Boot soweit unter Wassergedrückt, bis das Wasser durch das Rohr der Toilette ins Boot lief. Mit einem, auf der Flybridge liegendem Reserveanker konnte ich das verklemmte Schiff ausheben. Das Schiff lag nun wieder gerade, und alles war vorerst „im Lot". Wir lagen nur etwas tiefer, hatten wir doch so einige Kubikmeter Wasser im Schiff. Nachdem wir eine Pumpe angeschlossen hatten, war nach ein Paar Stunden das Schiff wieder leer. Nach Auswechseln der Kohlebürsten von Lichtmaschine und Anlasser, sowie Ölwechsel und eine neue Zündspule, lief der VOLVO auch wieder. Das Ende der Geschichte war, das die Seetoilette ausgebaut wurde, und eine Supergute Vacuumtoilette kam zum Einsatz. Zusätzlich ein Fäkalientank.

Ich weiß es nicht mehr so genau, aber ich glaube, es war im Jahr darauf, also 1984??? Es war wieder ein schöner Sommer, und wir waren mal wieder Unterwegs von Hamburg, oder von Büsum, weiß ich nicht mehr. Meine alten Logbücher sind anscheinend nicht mehr vorhanden, also müssen meine „Grauen Zellen" mal wieder herhalten. Aber was da so passiert ist, das weiß ich noch sehr genau!!!
Wir hatten Neuwerk passiert, und fuhren in Richtung Weser. Wie schon früher berichtet, hatte unsere

>ORION< zwei Tanks mit jeweils so 100 Litern, versehen mit jeweils einem Magnetventil in der Zuleitung zum jeweiligem Filter, und dann zu Maschine. Da die Tanks beide nicht mehr voll waren, hatte ich mir eine Zeit gesetzt, wann ich die Tanks umschalten wollte. Gut und schön, hatte ich vergessen. Wir fuhren, wie eigentlich immer, gemütlich von der Flybridge, tranken Tee, und alles war wunderbar!!! Irgendwann tat sich nix mehr, Maschine Stopp!! Ach du Sch....., vergessen die Tanks umzustellen!! Na, Benziner, macht also nix. Tanks umstellen, und neu starten. Gesagt, getan, aber nix war!! Der Anlasser drehte zwar, aber der Motor drehte nicht mit. Hmm, wat nu??? Der VOLVO hatte zwar einen ganz normalen Anlasser, aber das Besondere war, das unmittelbar hinter dem Anlasser der Ölfilter angebracht war. Aber auch das wäre kein Problem gewesen, wenn der Ölfilter nicht, weil er im Boot Wassergekühlt werden musste, hatte dieser Ölfilter ein Wassergekühltes Filtergehäuse. Um nun den Anlasser ausbauen zu können, musste also erst der Ölfilter mitsamt Gehäuse ausgebaut werden. Bis dahin auch noch kein Problem, noch nicht!!! Also, Anker raus, und ran ans Werk. Ölfilter mit Kühler abgebaut und Anlasser ausgebaut. Der Mitnehmer für das Ritzel hatte seinen Geist aufgegeben, und somit rückte das Ritzel zwar noch ein, aber der Anlasser drehte nur noch leer. Was tun?? Ich habe dann das Ritzel mit dem Mitnehmer verkeilt und alles wieder eingebaut. Das Problem war nun, ich musste alles wieder zusammenbauen, denn wenn der Motor starten sollte, konnte ich ihn ja nicht wieder abstellen, um den Ölfilter samt Kühler anzubauen. Also, alles zusammen und Startversuch!! Wie gesagt, Startversuch. Die Verkeilung reichte nicht, und alles wieder von vorne.

Beim zweiten Versuch alles noch mehr verkeilt, aber auch ohne Erfolg. Dann habe ich drei Bleche angefertigt, 2 Millimeter stark, die um den defekten Mitnehmer gelegt wurden, und die gleichzeitig in das Ritzel eingriffen. Alles festgezogen, und alles wieder zusammen gebaut. Nun musste das einfach funktionieren. Der Anlasser hat den Motor auch etwas bewegt, aber die Kraft war leider zu groß, und die Bleche waren total verbogen. Also, war nix, und ich war auch schon über 24 Stunden am Basteln. Mehr Möglichkeiten hatte ich leider nicht.

Also, den Seenotrettungskreuzer angefunkt, Problem und Position durchgegeben, und ein paar Stunden später hingen wir bei unseren „Rettern" am Haken. In Bremerhaven nahmen sie uns „Längsseits" und brachten uns an die Pier. Mit dem ausgebauten Anlasser sind wir dann per Bahn nach Hause gefahren. Der Anlasser bekam einen neuen Mitnehmer, und am nächsten Wochenende sind wir mit einem Vereinskameraden per Boot nach Bremerhaven gefahren, haben den Anlasser wieder eingebaut, natürlich samt Ölfilter und Kühlmantel. Am nächsten Tag sind wir wieder nach Elsfleth gefahren, und das Abenteuer „Anlasser" war auch überstanden.

Auch das Jahr 1985 blieb für uns nicht so ganz ohne Überraschungen. Irgendwann, natürlich bei superschönem Wetter, wollten wir mal wieder für ein Längeres Wochenende, es war Pfingsten, nach Büsum fahren. Bootsfreunde aus Bremen wollten mit ihrem Boot, Typ Luna 26, ein Motorsegler, mitfahren. Also haben wir uns am Freitagabend vor dem Elsflether Yachthafen getroffen, und sind dann nach Bremerhaven gefahren. Nachts dann an der Geeste festgemacht, und

den Tag ausklingen lassen. Am Samstagmorgen machten wir unsere Leinen los, und fuhren hinaus auf die Weser. Die Fahrt ging dann durchs „Wurster Watt" in Richtung Elbe. Nachdem wir die, doch sehr breite Elbe überquert hatten, nahmen wir so langsam Kurs auf „Knechtsand". Dann weiter in Richtung „Robbenplate", und weiter zur Fahrrinne „Süderpiep" um dann direkt nach Büsum zu laufen. Bisher lief ja alles sehr Problemlos?!?! Dann kams ja doch noch: Auf einmal wurde meine Maschine „Abgewürgt"???? Na ja, ausgekuppelt, und die Maschine wieder gestartet. Alles ok., Maschine lief!! Gang eingelegt, aus, Maschine steht! Wat nu?? Freunde angefunkt und unser Problem geschildert. Sie nahmen uns dann auf den „Haken", und haben uns die Restlichen Seemeilen bis nach Büsum geschleppt. Eine kleine Besonderheit am Rande: Damals zu dieser Zeit gab es eine Fernsehsendung, ich glaube, die hieß „Spassvogel" oder so ähnlich. Ein Freund von uns hatte diesen „Spassvogel" in Oldenburg auf dem Dach gegenüber seiner Wohnung, entdeckt, beim Fernsehsender angerufen, und Bericht erstattet. Daraufhin wurde er mit seiner Frau für die nächste Fernsehsendung, die irgendwo im Süden Deutschlands stattfand, eingeladen. Und der Termin fiel genau auf diesen Samstagabend, und genau zu der Zeit, in der wir bei unseren Freunden in Schlepp fuhren, und ohnehin nichts tun konnten. Also haben wir uns in aller Ruhe unsere anderen Freunde im TV-Gerät in „Aktion" angesehen, ZUFALL!!
Nachdem wir in Büsum festgemacht hatten, ließen wir den Tag in aller Ruhe ausklingen. Am nächsten Tag, Pfingstsonntag, haben wir unsere >ORION< ins Watt vor Büsum geschleppt, und Trocken fallen lassen. Die Ursache für das Abwürgen der Maschine war schnell

gefunden: Die Propellerwelle lief komplett, Fettgeschmiert, in einem „Stevenrohr" mit vorne und hinten je ein Bronzelager. Diese Lager sind mittels Feingewinde in das Stevenrohr eingeschraubt. Nun hatte sich das hintere Lager, ich weiß nicht wieso, einige Umdrehungen losgeschraubt, und dadurch hat sich quasi das Stevenrohr verlängert, und die Propellerwelle wurde festgeklemmt. Lager wieder festgeschraubt, und der Fall war erledigt, und bei auflaufendem Wasser konnten wir wieder mit eigener Kraft in den Büsumer Yachthafen einlaufen. Am Pfingstmontag sind wir dann ohne weitere Störungen nach Elsfleth zurück gefahren. Und wieder war ein sehr schönes, verlängertes Wochenende vorbei.

Auch, als ich, in einem schönen Sommer, eine Baustelle in Nüttermoor, Ostfriesland, hatte, hatte ich einen Liegeplatz in Warsingsfehn, an der Leda, gemietet. Ich glaube, es war im Jahre1986. Es war warm, und das Wetter konnte gar nicht besser sein. Nach Feierabend auf der Baustelle fuhr ich zum Yachthafen und ging an Bord, den Feierabend zu genießen. Irgendwann wollte ich mir Pommes Frites in der Friteuse machen, hatte aber dann doch keine Lust auf Essen. Stattdessen wollte ich, warum weiß ich nicht, meine Ebersbächer - Benzinheizung, die ich im Winter eingebaut hatte, mal eben ausprobieren (Blöd, bei der Wärme). Kurz und gut, die Heizung sprang nicht an. Na, was ist das denn?? Kurzerhand die, direkt neben der Heizung stehende, Gasbetriebene Kühlbox etwas beiseite geschoben, und den Benzinfilter aufgeschraubt. Benzin kam, und beim wieder Anschrauben des Filters spritzte Benzin in die Flamme der Kühlbox, und die Kiste stand in Flammen. Jetzt kam mir meine eigene Bequemlichkeit zu gute. Das Ventil der Benzinleitung für die Heizung war direkt am Tank, und war unter den „Flurplatten" angeordnet, und da ich nun mal manchmal sehr bequem bin, hatte ich Magnetventile in alle Benzinleitungen eingebaut. Somit konnte ich superschnell die Benzinleitung schließen, den CO_2-Feuerlöscher greifen, und den Brand löschen. Nix passiert, außer einer verbrannten Gardine, und eine halbwegs verbrannte rechte Hand. Ich bin dann sofort zum Krankenhaus nach Leer gefahren, mit dem Ergebnis eines 10-tägigen Krankenhaus Aufenthalts, und anschließendem monatelangem Arbeitsausfalls, weil ich mir wohl, ohne es zu merken, beim Löschen das recht Daumengelenk gebrochen hatte. Ist aber alles wieder in Ordnung, ist nix mehr zu sehen.

Im Jahr darauf, 1987, wir hatten einen Liegeplatz in Hamburg, an der Bille, gemietet, und zwar beim EMC, „Elbe Motorboot Club". Irgendwann im Laufe des Sommers kamen ehemalige Freunde mit ihrem Segelboot, eine Reinke 11, nach Hamburg, an die Bille. Wollten Urlaub machen. Nach ein paar Tagen beschlossen wir, gemeinsam mit unseren Booten nach Büsum zu fahren. Gesagt, getan, die Leinen wurden losgemacht, und ab ging die Reise, die Elbe runter, an Vogelsand vorbei, und dann in Richtung Büsum. Nachdem wir einige schöne Tage in Büsum verbracht hatten, wollten unsere Freunde nach Helgoland Segeln, oder Motoren. Wir wollten wieder nach Hamburg, an die Bille. Aber leider konnten wir nicht in See stechen, das Wetter wurde zu schlecht. Nix zu machen. Nach ein paar weiteren Tagen schien das Wetter etwas besser zu werden, auch der Wetterbericht versprach Besserung.

Irgendwann machten wir dann auch die Leinen in Büsum los, und machten uns auf den Weg. Zunächst verlief auch alles so einigermaßen, nur in der Ferne sah das Meer so eigenartig aus. Da unsere Freunde nach Helgoland wollten, und wir über Cuxhaven nach Hamburg, trennten sich nach einigen Seemeilen unsere Wege. Über UKW waren wir allerdings ständig miteinander verbunden. Wir nahmen Kurs auf Vogelsand. Wollte etwas abkürzen und vor Vogelsand vorbei zur Elbe. Bis Vogelsand sind wir ja noch relativ schnell gekommen, mit starkem Rückenwind sind wir so richtig „Gesurft". War zwar nicht sehr angenehm, aber noch gut erträglich. Und schnell!! Aber dann kams. Das Wetter wurde saumäßig, aber zum Umkehren war es längst zu spät, also nur noch nach vorne. An Vogelsand kamen wir einfach nicht vorbei. Immer wieder kamen wir zu dicht an die Insel. Immer wieder mussten wir umdrehen, und das ist bei hohem Seegang nicht einfach, man muss Höllisch aufpassen und immer die richtigen Momente erwischen. Unsere einzige Befürchtung war, das die Fensterscheiben dem Wasserdruck, wenn das Wasser an Deck klatscht, nicht standhalten, oder das die Maschine verreckt. Aber noch ging alles gut. Nach dreimaligem Versuch, an Vogelsand vorbei zu kommen, habe ich das Unterfangen aufgegeben, und wir sind Nördlich an Vogelsand vorbei gefahren, und haben so die Elbe überquert. In Höhe Neuwerk, wir fuhren am Rande des Fahrwassers, fiel die Maschine aus. Vermutung: Filter dicht. War auch so. Durch die unwahrscheinliche Schaukelei in diesem Seegang, war der Dreck in den Tanks aufgewirbelt, und hat dann den Filter verstopft. Normalerweise kein Problem, aber bei dem Wetter!?!?!? Die Filter befanden sich natürlich unter den „Flurplatten". Bei dem Seegang ist im Schiff zwar nichts kaputt gegangen, aber alles, was nicht 100 prozentig fest angebracht war, ist durch das Schiff geflogen, und somit lagen auch einige Teile im Weg herum. Da wir auf Land zutrieben, mussten wir den Anker ausbringen. Also raus aufs Vordeck, und den Anker, samt 32 Meter Kette raus, und das bei dem Seegang, aber nützt ja nix. Inzwischen war es ja schon lange finstere Nacht, und man konnte nicht mehr sehen woher die Wellen kamen. Die Filter waren schnell wieder sauber, und die Maschine lief auch wieder. Erst mal rückwärts ins tiefere Wasser, samt Anker, dann wieder nach vorne an Deck, und den Anker einholen, eine Elektrische Ankerwinde hatte >ORION< nicht. Wieder Kurs auf Cuxhaven genommen, und an der im Wasser liegenden Spundwand vorbei. Urplötzlich tauchte vor uns ein riesiger Scheinwerfer auf, und ich stand „im Dunkeln", ich konnte nix mehr sehen. Was soll das??? Der Scheinwerfer ging aus, und tauchte wenig später hinter uns wieder auf, sehr dicht. Ich sagte meiner „Steuerfrau": mach mal die Türe auf, der will rein!! Das war der Seenotrettungskreuzer aus Cuxhaven, die hatten uns im Radar gesehen. Als wir vor Neuwerk lagen, und die Filter gereinigt haben. Nun hat er wohl meine UKW-Antenne gesehen, und kam nun über Funk mit der Frage, ob ich das vor Neuwerk gewesen sei, und ob alles in Ordnung sei??. Er fragte dann noch von wo wir kommen, und wohin wir noch wollten, und wünschten uns dann noch „einen schönen Eiertanz", drehte wieder ab mit der Bemerkung, er muss noch jemand irgendwo Bergen. Alles klar. Wir konnten dann über UKW mithören, das er einem anderen Bescheid gab, das bei uns alles in bester Ordnung sei, er könne wieder abdrehen.

Normalerweise benötigten wir von Büsum nach Cuxhaven so ca. 4 Stunden, dieses mal kamen wir nach ca. 9 Stunden in Cuxhaven an. Da sogar noch im Yachthafen reger Seegang herrschte, war das Anlegen auch kein Kinderspiel, aber auch das haben wir geschafft. Erst mal unter die Dusche, und ein paar „Charlys". Dann das Schiff aufgeräumt, und ab in die Koje. Unsere Freunde waren auch inzwischen in Helgoland angekommen, und hatten schon in Cuxhaven angerufen, wir waren gerade angekommen. Am nächsten Tag haben wir erst mal gebunkert, und sind dann weiter nach Hamburg gefahren.

Ein kleiner Nebeneffekt dieser Haarsträubenden Fahrt von Büsum nach Cuxhaven: Wenn man mit einem Sportboot von großen Schiffen überholt wird, tut man eigentlich gut daran, die Fahrt aus dem Schiff zu nehmen, bei zu drehen, und die Bug- und Heck-Welle des Frachters oder Kreuzfahrtschiffes möglichst senkrecht zu kreuzen, dann wieder auf Kurs zu gehen und Fahrt aufnehmen.
Uns hatte das Wetter nicht umgeworfen, und somit konnten uns überholende Schiffe überhaupt nicht mehr beeindrucken, außer wir hatten Gäste an Bord.

Im Herbst, als unser Schiff in Elsfleth an Land gezogen wurde, fragten mich alle, was ich mit dem Schiff gemacht hätte?? Da war doch tatsächlich der ganze Kiel, 10 mm dicke Platten, verbogen????

Im laufe der Jahre wurde mein VOLVO-Benziner auch nicht besser. Die sogenannte „Warmlaufphase" wurde immer länger. Es dauerte mittlerweile schon so ca. 20 Minuten. Eigentlich war das aber immer noch ein zu kleines Problem, um den Motor zu wechseln, denn, wenn er lief, dann lief er eben!!! Was uns allerdings fürchterlich auf die Nerven ging, war, wenn wir zum Beispiel von Elsfleth nach Büsum gefahren sind, lief die Maschine so ca. 14 Stunden ohne Probleme. Kamen wir in Büsum an, und steuerten den Liegeplatz an, nahmen den Gang raus, und die Maschine blieb einfach stehen. Sprang dann allerdings wieder an, aber so etwas ist überhaupt nicht mein „Ding"!! Da das fast nach jeder Fährt so war, egal wohin wir fuhren, ob nach Fedderwarden, oder nach Wangerooge, oder die Weser hoch nach Minden, war völlig egal.
Also, im nächsten Winterlager: Maschine ade!!! Stellte sich die Frage, was bauen wir ein????
Bei einem, uns bekannten Auto-Schrotthändler, konnte ich mir einen 240er Mercedes Diesel aus einem Unfallwagen ausbauen. Toll!! Den habe ich dann marinisiert. Wassergekühltes Abgassammelrohr, Anschlussglocke für`s Getriebe, und noch so ein paar Kleinigkeiten. Da wir auch ein anderes Getriebe brauchten, kam ein Borg-Warner Hydraulikgetriebe zum Einbau. Übersetzung 1 : 1, wie das vorige Getriebe auch. Somit brauchte ich keinen neuen Propeller (der war ohnehin noch neu). Da der alte Motor eine Einkreiskühlung hatte, und der neue eine Zweikreiskühlung, musste ich auch noch Kühlrohre unter`s Schiff, am Kiel entlang, verlegen.
Das hat sich aber auch gelohnt, die ganze Arbeit!!! Allerdings konnte ich nun die komplette

Druckluftgeschichte, und die Wellenbremse vergessen. Konnte ich alles wieder ausbauen und einlagern. Alles lief wunderbar, und meine >ORION< fuhr per Diesel weiter über Flüsse, Kanäle, und über die offene See!!
Wir haben mit unserer „alten" >ORION< allerdings noch so etliche „Abenteuer" hinter uns gebracht. Es gibt sicher kaum einen „Skipper", der nicht schon „Haarsträubende" Dinge erlebt hat, aber nur sehr wenige geben diese, vor allen Dingen nicht, wenn die „Ursache" bei sich selber liegt, in irgendeiner „gemütlichen Runde", zum Besten. Wir haben noch nie was von „Aufschneiderei" und sonstigem „Seemannsgarn" gehalten, und außerdem konnte sicherlich so mancher von unseren eigenen „Missgeschicken" was „für sich" gebrauchen!!! Der Sportboothafen des SWE konnte nur durch eine vereinseigene Schleuse verlassen, bzw. angelaufen werden. Schleusenzeiten waren, und sind auch heute noch so, Werktags von 07,00Uhr bis 21,00 Uhr alle 2 Stunden. Ab Freitag Mittag durchgehend bis 22,00 Uhr. Am Samstag und an Feiertagen durchgehend von 07,00 Uhr bis 22,00 Uhr. Sonntags von 07,00 Uhr durchgehend bis 21,00 Uhr. Bedient wurde die Schleuse von, jeweils einem, sich im Rentenalter befindlichen Vereinsmitglied, und an den Wochenenden zusätzlich von einem „aktivem" Vereinskameraden, reihum.
  Nun war es bei uns immer üblich, wenn wir auf „Fahrt" gingen, am Freitag, kurz vor Schließen der Schleuse, die Leinen loszumachen, und den Elsflether Yachthafen zu verlassen. Das war den Schleusenwärtern auch hinlänglich bekannt. Ebenso bekannt war allerdings auch, das >ORION< am Sonntagabend fast immer so zwischen 20,00 Uhr und 21,00 Uhr von irgendwo zurück kam. Der Schleusenwärter hatte dann seinen „Gehilfen" längst

freigegeben. Auf >ORION< konnte er auch alleine warten, denn wir waren noch immer unterwegs. Wenn wir dann endlich vor der Schleuse auftauchten, war diese schon geöffnet, und wir konnten ohne Aufenthalt einlaufen, HERRLICH!!! Nach dem Schleusen machten wir am Anleger fest, stellten alles ab, und gingen ins Bootshaus. Das war damals noch das Alte, aus Baucontainern vom „Huntesperrwerk", zusammen gebaute, aber „urgemütliche", Bootshaus. Der lange Tresen war voller Vereinskameraden, aber zwei Plätze wurden sofort für uns frei, und zwei „Charlys" kamen auch schon auf den Tresen. Alles sah uns an, und dann kam die übliche Frage: „Was ist los??? Nix passiert???" Antwort: „Nee, wieso???" Aber dann kam dann doch auf den „Tisch" was uns so mit, oder auch ohne eigenes „Missgeschick", an diesem Wochenende so wiederfahren war. Aber so war das eben, wenn man viel unterwegs war, und auch noch über die eigenen „Missgeschicke" lachen konnte, und sich nicht scheute so was auch noch zum Besten zu geben!!

Jedoch, eines Tages, auf der Fahrt von Cuxhaven nach Hamburg, in Höhe Brunsbüttel, hat der Diesel seinen Dienst eingestellt, Ruhe im Schiff!! Wir fuhren von der „Fly" das Schiff, und da oben konnte man ohnehin die Maschine nicht hören. Das Problem war, der Diesel hatte keine elektrische Öldruck-Anzeige. Die Anzeige erfolgte jeweils über Schläuche zu den Manometern am jeweiligem Fahrstand. In der Nähe der Maschine hat dieser Schlauch seinen Geist aufgegeben, und weg war das Öl. Kolbenfresser!! Wat nu???? Anker runter, und DGzRS (Deutsche Gesellschaft zur Rettung

Schiffbrüchiger) angefunkt. Diese netten Leute kamen sofort mit ihrem Beiboot aus dem Hafen Brunsbüttel, nahmen uns auf den Haken, und brachten uns in den Yachthafen, und zwar an die „Mastziehanlage". Ich hatte ja bereits mitgeteilt, das der Motor raus musste. Der DGzRS hatte seinerseits schon den Hafenmeister informiert, super!!! Als wir fest waren, haben wir unseren Sohnemann in Hamburg angerufen, und ihn mit unserem Auto nach Brunsbüttel bestellt. Auch das hat wunderbar geklappt. Als Sohnemann samt Kumpel in Brunsbüttel ankam, hatten wir den Motor schon losgeschraubt, und alle Verbindungen gelöst. Wir haben uns dann alle ins Auto geschwungen, und sind nach Hamburg gefahren, und zwar zu „KIESOW", eine riesig große Autoverwertung. Glück gehabt, war kurz vor Feierabend. Dort konnten wir einen 240ger Mercedes Diesel sehr günstig kaufen (im Tausch gegen den defekten Motor). Mit dem Motor im Anhänger sind wir wieder nach Brunsbüttel gedüst. Mit der Mastziehanlage haben wir dann gemeinsam den kaputten Motor aus dem Schiff gehoben, und den „Neuen" eingesetzt. Da es ja der gleiche Motor war, hat natürlich alles gepasst. Am Morgen war alles fertig, und auch die Ölleitung war repariert, und nach einem kräftigen Frühstück haben wir die Leinen in Brunsbüttel losgemacht, und sind weiter gefahren, nach Hamburg. Sohnemann und sein Kumpel sind mit dem Auto zurück nach Hamburg, haben den alten Motor zu Kiesow gebracht, und alles war wieder „Paletti".

Das war aber nicht unser letztes, größere Problem, nein, ein Schiffbaumäßiges Problem wurde leider immer größer. Der Rumpf meiner >ORION< bestand ja, wie schon erwähnt, aus Stahl. Das Deck jedoch bestand aus

Mahagoni, und war leider mit Stahlschrauben auf den Rumpf geschraubt (Werft Berlin Köpenik). Im laufe der Jahre sind nun die Schrauben verrostet, konnte man aber so einfach nicht sehen. Wenn wir nur auf Flüssen und Kanälen unterwegs gewesen wären, wäre das Problem auch nicht so groß gewesen. Da wir aber hauptsächlich in Nord- und Ostsee zu finden waren, und auch des öfteren eins auf die „Mütze" bekommen haben, kam bei entsprechendem Seegang Wasser ins Schiff, und zwar durch den entstandenen Spalt zwischen Rumpf und Deck. Es musste also irgend etwas geschehen!! Aber was????
Da wir uns ja schon vor so einigen Jahren entschlossen hatten, wenn wir mal nicht mehr Arbeiten müssten, mit dem Schiff ins Mittelmeer zu fahren, und wir dafür ein größeres Schiff, mit 2 Maschinen, benötigten, wollten wir uns erst mal nach etwas „Neuen" umsehen. Also wurde an meiner >ORION< zunächst nichts mehr geändert.

In unseren Vorstellungen geisterte ein Schiff von 11-13 Metern Länge, so ca. 4 Metern Breite, und ca. 1 Meter Tiefgang, rum. Dann mussten 2 Fahrstände, einer im Salon und einer auf der Flybridge, vorhanden sein. Ferner musste das Schiff 2 Dieselmaschinen haben. So waren eben unsere Vorstellungen. Ein solches Schiff neu zu kaufen, war für uns in keinster Weise zu realisieren. Also sind wir alle erreichbaren Gebrauchtbootemärkte in Norddeutschland und in Holland abgelaufen, mit dem Ergebnis, das alles, was so einigermaßen brauchbar war, viel zu teuer war. Alles was erschwinglich war, war im wahrsten Sinne schlicht und einfach Schrott. Und Schrott umbauen ist ja auch nicht das Wahre!!! (wie schon gesagt, man kann sich auch gewaltig täuschen). Dann hatten wir uns überlegt, einen Kutter zu kaufen. Kutter sind meistens sehr gute Seeschiffe. Wir sind überall hingefahren, wo ein Kutter zum Verkauf stand. War aber auch nix!! Der eine hatte Motorschaden, der andere hatte ein defektes Getriebe, beim nächsten war das Holz im Kielbereich nicht mehr vertrauenswürdig, und bei einem anderen war das Deck total undicht, usw.. War also auch nix!! Irgendwann haben wir die Suche nach einem passendem Schiff aufgegeben, und haben uns entschlossen erst mal unsere >ORION< zu überholen und mal wieder umzubauen. Das würde die bisher größte Aktion, aber auch die Letzte. War dann auch tatsächlich so, aber NUR für dieses Boot. Aber das ist eine ganz andere Geschichte!!!

Der nächste Winter kam, und meine >ORION< stand wieder an Land. Da der SWE inzwischen ganz nach Elsfleth-Lienen umgezogen war, und wir dort ein neues Bootshaus, Winterlagerhallen, Außenlagerplätzen, und

eine völlig neue Steganlage gebaut hatten, stand mein Schiff auf dem Gelände des SWE.

Die Pläne für den letzten Umbau hatte ich schon fertig. Die gesamte Einrichtung in der Kajüte und im Vorschiff musste ausgebaut werden. Der Kajütenaufbau fiel ebenfalls der Säge zum Opfer. Das gesamte Holzdeck konnte dann abgebaut werden. Der ganze Salon konnte komplett stehen bleiben, da ja das Stahlgerüst mit dem Schiffsrumpf verschweißt war. Zuerst habe ich ein Stahldeck auf den Stahlrumpf geschweißt, mit ca. 6 cm Überstand. Dadurch wurde das Schiff etwas breiter, und ich konnte eine komplette Reling aufschweißen. Den Kajütaufbau habe ich dann wieder aus Seewasserbeständigem Aluminium gefertigt. Fenster aus 8 mm Röhm-Plexiglas. Dann noch den Innenausbau, und fertig!!!

Aber nun hatten wir inzwischen ein neues Problem: Als wir gerade alles ausgebaut hatten, und da ein vorne völlig leeres Schiff ohne Deck stand, rief ein ehemaliger Freund an, und teilte mir mit, das in Bremen – Blumenthal ein Schiff zum Verkauf steht. Sollt sehr preiswert sein, sollten wir uns mal ansehen. Na ja, wird ja wohl nix brauchbares sein, aber was soll`s, können wir uns ja mal ansehen. Wir waren ein wenig überrascht, als wir dort ankamen. Da war eine Schule, und hinter der Schule stand unter einem Wellblechdach auf einem Bootswagen, ein Bootskörper mit teilweise maroden Aufbauten. Aber der Schiffsrumpf, der war einfach super. Schlanker Vorsteven, musste gut laufen. Hat uns so gut gefallen, mussten wir einfach haben. Wie sich dann herausstellte gehörte das Schiff dem Hausmeister der Schule. Der wollte das Schiff eigentlich fertig machen. Aber seine Frau war ihm davongelaufen, und seine neue Freundin hatte auch Null Bock auf Schiff und Bootsfahrt. Dabei ging`s eigentlich gar nicht besser, hatte er doch die ganze Werkstatt der Schule zur Verfügung. Er hatte auch schon jede Menge Materialien in der Werkstatt gelagert, Das Schiff hatte 2 Schrauben, und drei Hannomag – Diesel standen in der Werkstatt. Aber er hatte keinen Mut mehr, wollte einfach verkaufen. Im Schiff war übrigens alles Schrott, als wenn da eine Bombe eingeschlagen wäre!!!!! Ich habe dann das gesamte Schiff ausgemessen, und dem Hausmeister gesagt, ich müsste erst ein paar Zeichnungen und Berechnungen anfertigen, um zu sehen, ob ich das aus dem Schiff machen kann, was mir vorschwebt, und in ein paar Tagen komme ich wieder. Das habe ich dann auch gemacht, und nach vielen Zeichnungen und Berechnungen, war mir klar, das wird was!! Wir haben dann das „Schiff" gekauft, mit der Auflage, da wir ja noch eine andere „Baustelle" in Elsfleth haben, das Boot müsste noch bis ca. September hinter der Schule liegen bleiben, Dann, so gegen Ende der Saison, holen wir das Boot. Und somit hatten wir ZWEI Baustellen.

Der Umbau meiner >ORION< war rechtzeitig zum Beginn der Saison abgeschlossen, und die folgenden Probefahrten verliefen zur vollsten Zufriedenheit . In dieser Saison hat man uns auch wieder in Büsum, bei Blauortsand, in Fedderwarden, in Hamburg, in Minden, und in Bremerhaven sowieso, mit unserer >ORION< gesehen.

Das war nun wirklich der letzte Umbau unserer alten >ORION<. Das andere „Schiff" hatten wir inzwischen nach Elsfleth geholt, mit allem vorhandenem Zubehör. Sogar das Wellblechdach nebst Gestell haben wir mitgenommen, war alles im Preis enthalten. Im Winter haben wir das „Schiff" nach Rastede, auf einem Bauernhof, gebracht, und so einige unbrauchbare Teile entfernt. Das war`s dann erst einmal. Wir haben dann noch die ganze nächste Saison gebraucht, um uns von unserer „Alten" >ORION< zu verabschieden. Wir haben das Schiff dann am Ende der Saison in Hamburg verkauft.

Der Bau des „Neuen Schiffes" konnte nun ungebremst seinen Lauf nehmen. Da stand uns doch ganz schön viel Arbeit bevor, und auch noch so etliche Kosten, aber das war uns das alles Wert!!!

                                                   2013 Horst Friese

Die ersten Bilder vom Neubau

BOOTSBAU ORION

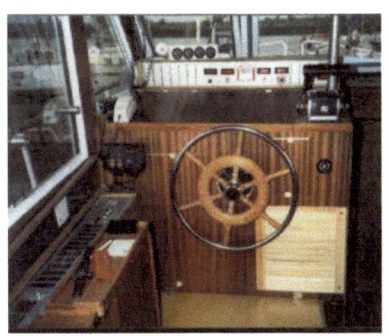

Vorwort

Die nachfolgende Geschichte beschreibt den Kauf, und den nachfolgenden Umbau eines total verrotteten Sportbootes, mit allen auftretenden Schwierigkeiten, und Änderungen, die trotz Planung immer wieder auftreten können, die allerdings zum größten Teil durch die spontanen „Eingebungen" des bauenden Skippers auftreten.

Suchen, Finden und der Kauf eines Sportbootes

Da wir, wie schon in meinem Buch, „NAVIGARE VIVERE EST", beschrieben, ein etwas größeres Boot, mit so einigen Besonderheiten benötigten, um nach getaner „Lebensarbeitszeit" mit eben diesem Boot ins Mittelmeer fahren wollten, um unseren „Lebensabend" dort zu verbringen, suchten, wollten wir unsere „Alte" >ORION< erst einmal nicht weiter umbauen.
Ein neues Boot kam aus finanziellen Gründen für uns nicht in Betracht. Außerdem hätte ich, und wer mich kennt, weiß das auch, spätestens nach der ersten Saison das Schiff umgebaut. Alles was mir nicht so sonderlich gefallen, oder was sich als unpraktisch erwiesen hätte, musste natürlich geändert werden. Demzufolge kam ein neues Schiff für uns auch aus diesen Gründen nicht in Frage. Also klapperten wir erst einmal die Gebrauchtboote Märkte in Norddeutschland und im Nachbarland Holland ab. Allerdings ohne Erfolg, was noch brauchbar war, und unseren Vorstellungen entsprach, war noch viel zu teuer, und alles, was in unser begrenztes Budget passte, war, auf Deutsch gesagt „SCHROTT". War also nix. Allerdings hatten wir ja noch so einige Jahre Zeit bis zu unserer Rente.
Dann kamen wir auf die glorreiche Idee, einen Kutter zu kaufen. Den konnte ich zwar nicht so umbauen, wie unsere Vorstellung in unseren Köpfen schwebte, aber Kutter sind eben gute Seeschiffe, und nach Änderung unserer Vorstellungen, hätte ich daraus mit Sicherheit ein, für unser Vorhaben, ins Mittelmeer zu fahren, recht brauchbares, gutes Schiff gebaut. Aber, wie das Leben eben so spielt, kam die Ernüchterung sehr schnell. Wir sind überall hingefahren, wo ein Kutter zum Verkauf

stand, aber immer das Gleiche: der Eine hatte eine defekte Maschine, der Andere hatte marode Planken im Kielbereich, der Nächste hatte ein defektes Getriebe, bei einem anderen war das gesamte Deck undicht, usw.. War also auch nix!!
Also entschlossen wir uns, erst doch noch unsere „Alte" >ORION< umzubauen. Wir hatten gerade den Aufbau vorne und das gesamte Deck abgebaut, und hatten ein vorne leeres, offenes Boot, als uns ein gebrauchtes Sportboot angeboten wurde. War zu besichtigen in Bremen - Blumenthal, und sollte recht preiswert sein. Wat nu??? Sind wir erst einmal hingefahren, um uns das Boot anzusehen. Wird wohl auch nicht unserer Vorstellung entsprechen, schauen wir mal!!! Als wir bei der angegebenen Adresse ankamen, es war eine Schule, haben wir den „Bootseigner" gesucht. Hinter der Schule stand unter einem Wellblechdach, auf einem Bootswagen, ein recht marodes Schiff, aber mit einem supertollen Bootskörper. Ein superschlanker Vorsteven, und zwei Wellen mit den zugehörenden Propellern waren da zu sehen. Das kann das Boot nicht sein, für so einen günstigen Preis, dachten wir jedenfalls.

Also erst einmal den „Eigner" gesucht. Es war der Hausmeister dieser Schule, wie sich bald herausstellte. Ja, der Preis ist richtig, aber erst einmal das Boot besteigen und besichtigen. Tja, was wir dann sahen, war gelinde gesagt, von vorne bis hinten ein einziger „Trümmerhaufen".

GRAUSAM!!!!!! Aber der Rumpf war, wie gesagt, SUPER!!! Wir haben später erfahren, das der Hausmeister ein Jahr zuvor über das Doppelte verlangt hatte. Wo lag also der „Haken"? War keiner, war doch wohl nur die unwahrscheinlich viele Arbeit, die auf einen neuen Besitzer zukam, und deren Frauen das sicherlich nicht mitmachen wollten. Der Hausmeister wollte ursprünglich das Schiff für sich selbst fertig machen, aber da hatte seine Frau nicht mitgespielt, und hat wohl die „Kurve" gekratzt. So jedenfalls der Hausmeister. Und seine neue Freundin hatte auch null Bock auf Boot, und somit hat ihn letztlich der „Mut" verlassen, und er wollte nur noch das Schiff loswerden. Dabei hatte er doch als Hausmeister die ganze Werkstatt der Schule zur Verfügung. Er hatte auch schon so etliche Materialien in der Werkstatt gelagert. Ebenso standen dort die beiden Hanomag - Dieselmaschinen mit jeweils 3,3 Litern Hubraum und 80 PS Leistung, mit angeflanschten Hydraulikgetrieben. War alles im Preis enthalten. Auch das Gestell mit dem Wellblechdach gehörte dazu, und der Bootswagen, auf dem das Schiff stand, ebenfalls. Der Rumpf war 11 Meter lang, und 3,3 Meter breit. Der Tiefgang betrug so etwa einen Meter. Da unsere Vorstellung so zwischen 11 und 13 Metern lag, passte das sozusagen. Ich habe dann erst einmal das gesamte Schiff ausgemessen und fotografiert. Den Kauf machten wir davon abhängig, ob ich aus dem vorhandenen das bauen kann, was mir vorschwebt, und auch machbar und brauchbar ist. Außerdem, da wir ja in Elsfleth noch unsere andere „Baustelle" stehen hatten, musste bei einem Kauf, das Schiff noch bis zum Herbst in Bremen stehen bleiben. In den nächsten Tagen wollten wir das alles durchdiskutieren, und uns dann wieder melden.

In den darauffolgenden Tagen mussten meine „Grauen Zellen" gar fürchterlich herhalten. Es wurde gerechnet, skizziert und gezeichnet. Entwürfe wurden erstellt und wieder verworfen, bis wir zu einem machbaren Konzept kamen, und, siehe da, es sollte funktionieren, auch noch bei so einigem Seegang in der Nordsee, in der Ostsee, und vor allem später im Mittelmeer!!! Wir waren so voller Euphorie, das wir überhaupt nicht darüber nachgedacht haben, das der Bootskörper aus Schiffbaustahl war, und das hat uns später, im Mittelmeer, genauer gesagt, im MAR MENOR, eine Lagune am Mittelmeer, in welcher der Salzgehalt noch um ca. 10% höher ist als im Mittelmeer, noch sehr viel Arbeit verschafft. Deck und Aufbau, der im vorderen Bereich stehen bleiben sollte, waren aus Aluminium gefertigt.

So war unser Entwurf, so in etwa sollte unser Boot aussehen:

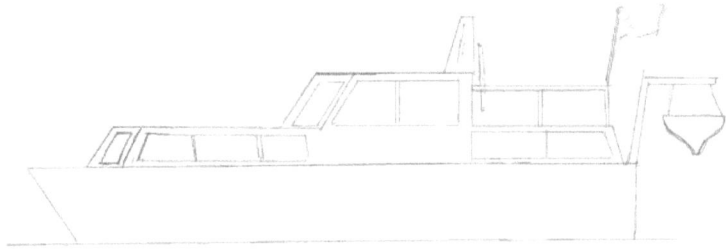

Vorderkajüte, Salon, Achterkajüte und Außenfahrstand auf dem Achterdeck. Innen konnten wir dann auch alles unterbringen.

Ein paar Tage später waren wir wieder in Bremen, und haben das Schiff gekauft, wie gesagt, mit der Auflage, das wir das Schiff erst im Herbst holen können. Bei dieser Gelegenheit habe ich das STB-Getriebe, welches, aus welchen Gründen auch immer, völlig voller Rostwasser war, abgebaut und mitgenommen. Wollte ich erst einmal „unter die Lupe" nehmen. So ca. ein Drittel des Preises haben wir angezahlt, der Rest war bei Abholung fällig. Das war am 19.04.1986. Wir einigten uns darauf, das der Verkäufer sich an der sicherlich teueren Reparatur beteiligen würde. Ein Austauschgetriebe würde so ca. 7.500,00 DM kosten!!!!

Rechtzeitig zu Beginn der neuen Saison war unsere „Alte" >ORION< fertig umgebaut, und wir waren wieder in der Ostsee, in der Nordsee, in Büsum, in Hamburg, und in Bremerhaven sowieso, zu finden.

Im Herbst haben wir mit Freunden das Boot aus Bremen-Blumenthal abgeholt. Zuerst musste das Gestell samt Wellblechdach abgebaut werden. Da ja unser „Neues" Boot auf einem Bootswagen, der allerdings keine Zulassung hatte, stand, konnte unser Freund „WILLI", seines Zeichens Fuhrunternehmer, das Schiff mit seinem LKW bis an die Weser transportieren, natürlich in einer "Nacht und Nebel Aktion". Das Gestell, nebst

Wellblechdach und sämtliches Zubehör haben wir auf LKW und Anhänger geladen und abtransportiert. Die Dieselmaschinen und sämtliches Zubehör haben wir dann nach Beckhausen, in der Nähe von Rastede, gebracht. Dort hatte unser Freund Willi einen halben Bauernhof gemietet, in dessen Scheune er eine Werkstatt hatte, und wo auch seinen „Fuhrpark" untergebracht war.

Das Boot konnten wir per Kran in sein Element bringen, und den Bootswagen hat unser Freund Willi mit seinem LKW nach ELSFLETH, auf das Clubgelände des SWE (Segelclub Weserstrand Elsfleth) gebracht, und dort abgestellt. Am nächsten Tag haben wir dann, in Schlepp, mit Willis Boot, unser Schiff nach Elsfleth, in den Yachthafen des SWE verholt, und dort an Land gezogen. Das war's dann erst einmal.

Im Oktober waren wir in Hamburg zu HANSEBOOT. Dort hatte die „PEDRO-BOOTSWERFT" ein völlig neu konzipiertes Sportboot ausgestellt, und das hat uns auf Anhieb supergut gefallen. Vorderkajüte, Salon, offenes Cockpit, Flybridge. War eigentlich „genau unser Ding"!!! Ein paar Tage später sind wir noch einmal zur HANSEBOOT gefahren, um uns das Schiff noch genauer anzusehen. War nicht viel los, und wir durften das ganze

Boot ausmessen und Fotografieren. Unterlagen gab's noch keine für dieses Boot.

Im Laufe des nächsten Winters haben wir dann unsere „Alte" >ORION< zum letzten mal überholt, und uns an das neu zu planende „Neue" Schiff gemacht, Zeichnungs- und Berechnungsmäßig. Und das ist dabei herausgekommen:

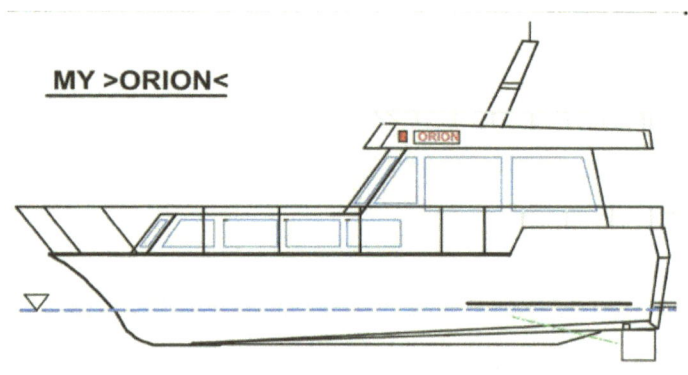

Und so sollte dann die Aufteilung aussehen:

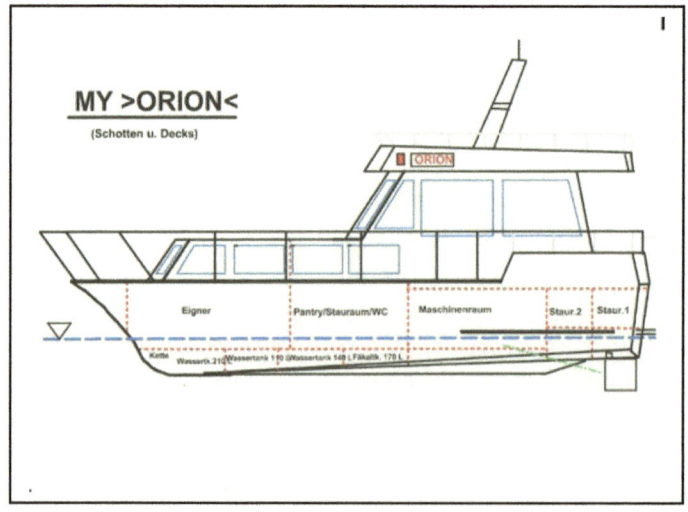

So, und nicht anders sollte unser „Neues" Schiff aussehen!!!
Sah allerdings nach sehr viel Arbeit aus, aber das war uns schon bei'm Kauf klar.
Unser „Neues" Schiff haben wir dann, mittels Tieflader einer Elsflether Baufirma, nach Beckhausen gebracht. Das war allerdings auch nicht so ganz „ohne". Der Rest des noch vorhandenen Aufbaues musste abgetrennt werden, war zu hoch. Außerdem musste noch fast die ganze Luft aus den Rädern des Bootswagens abgelassen werden. Erst dann kamen wir unter alle Brücken durch.

Mittlerweile stand die nächste Saison vor der Türe. Unsere „Alte" >ORION< stand bereit zum „Slippen".
Eigentlich wollten wir unser „Neues" Schiff in Angriff nehmen, aber leider, oder auch Gott sei Dank, ist es unseren Bootsfreunden und Vereinskameraden immer wieder gelungen, uns mit unserer „Alten" >ORION< zu neuen Abenteuern zu bewegen. Also haben wir „Neues" Boot, Boot sein gelassen, und haben einen schönen Sommer mit unserer „Alten" >ORION< verbracht. Am Ende der Saison 1988 haben wir dann unsere „Alte" >ORION< in Hamburg verkauft. Wir haben das Schiff dann nie wiedergesehen, und haben auch nichts wieder gehört.

DER UM-, bzw. NEUBAU

Inzwischen hatten wir Herbst des Jahres 1988, und wir konnten endlich mit dem „Neubau" beginnen. Zuvor waren jedoch noch so manche Überlegungen anzustellen: Das gesamte Schiff fertig zu stellen, oder Stück für Stück zu Bauen, was natürlich erheblich länger dauern würde, bis das Schiff dann endlich als „FERTIG" zu betrachten ist.

Wir entschieden uns für die zweite Variante, denn, wie schon geschrieben, wenn wir das Schiff vollkommen fertig bauen, und dann erst zu Wasser bringen, und damit unterwegs sind, würden sich mit Sicherheit diverse Mängel bzw. Änderungen ergeben. Und dann ein fertiges Schiff umzubauen, ist immer äußerst frustrierend.

Aber, um erst einmal soweit zu kommen, mussten ohnehin erst die „Grundvoraussetzungen" geschaffen werden. Wir wollten das Schiff soweit fertig stellen, das es von außen so gut wie fertig aussah, technisch fahrbereit war, und alle Sicherheitstechnischen Dinge vorhanden waren. Dann wollten wir das Schiff im Vareler Hafen, 12 Km entfernt, in's Wasser bringen.

Zu der Zeit war ich noch, außer beim SWE, auch noch Mitglied beim EMC (Elbe Motorboot Club) in Hamburg, an der Bille, und da wir inzwischen in Hamburg, in der Nähe der Bille, wohnten, hatten wir dort ebenfalls einen Liegeplatz. Dorthin wollten wir dann das nicht fertige, aber fahrbereite Schiff hinfahren, und dann an Land weiter ausbauen, und auch fertig bauen!! Aber so weit sind wir ja noch lange nicht!!

Geplant war, den gesamten Aufbau und die Flybridge aus Seewasserbeständigem Aluminium zu fertigen. Leider musste ich dann doch umplanen. Aluminium hätte ich nur innerhalb der Scheune Schweißen können, aber dann hätten wir das, für das Scheunentor zu hohe, Schiff nicht mehr aus der Scheune herausbekommen. Also habe ich die gesamte Aluminiumbestellung zurückgeordert, und habe dafür alles in Stahl bestellt. Waren so einige Tonnen Stahlblech 3 mm und so etliche Vierkantrohre und Winkelstahl. Als Gewichtsausgleich habe ich für die gesamte Flybridge Kunststoffplatten (PPH) bestellt (spezifisches Gewicht: 0.91 g/Kubikzentimeter). Das gesamte Material wurde nach Beckhausen geliefert. Als Schrauben kamen nur V4A Schrauben der verschiedenen Abmessungen zum Einsatz.

Ich wohnte zu dieser Zeit noch in Oldenburg, und Evelyn wohnte noch in Norderstedt, am nördlichen Rand von Hamburg. Gewöhnlich trafen wir uns am Freitagnachmittag bei mir in Oldenburg, und fuhren dann nach Beckhausen, um am Schiff zu arbeiten. Um viel Zeit zu sparen, haben wir in Hamburg einen gebrauchten, aber guten Wohnwagen gekauft, und haben diesen in Beckhausen neben unser Schiff gestellt. Somit konnten wir das ganze Wochenende bei unserem Schiff bleiben.

Nun konnte das „Theater" beginnen. Bevor wir mit dem Aufbau anfangen konnten, wurde erst einmal der gesamte „Schrott" ausgeräumt, und im Rumpf, soweit es das Achterschiff betraf, die marode Isolierung entfernt, und alles neu gestrichen. Als nächstes konnten wir die beiden Dieselmaschinen, nachdem sie in der Scheune probegelaufen waren, mittels eines Radladers auf ihre vorhandenen Fundamente setzen. Die 4 Dieseltanks, jeweils 2 x 275 Liter an Stb, und Bb an der Wand im Maschinenraum angebracht, waren noch vorhanden. Den Maschinenraum, den ich später vom Achterdeck aus zugänglich machte, konnten wir vorerst einmal schließen. Das Gerüst für den Salonaufbau haben wir aus Vierkantstahlrohr 60X40 mm angefertigt, und mit dem Stahlrumpf verschweißt.

Am Achterschiff haben wir die Bordwand mittels Stahlblechen erhöht, und darauf kam dann später noch die Reling. Die Seitenwände des Salons wurden, unter Berücksichtigung der Fensterausschnitte aus 3 mm Stahlblech gefertigt und verschweißt. Ebenso vorne und achtern. Achtern wurde ein Durchgang für eine Glas-Schiebetüre gelassen. Das war dann auch der einzige Eingang in's Schiff. Als „Fluchtweg" konnte auch noch das vordere große Fenster im Kajütaufbau dienen. Nun konnten die Fenster ausgemessen und bestellt werden. Da fertige Fenster mit den entsprechenden Rahmen viel zu

teuer waren, haben wir eine eigene Konstruktion entworfen, und auch gebaut.

Die Scheiben, vorne und hinten aus 8 mm, und an den Seiten aus 6 mm Sicherheits-Verbundglas, angefertigt, wurden von der Firma Eberspächer geliefert. Alle feststehenden Scheiben haben wir, eingefasst in 5 mm Moosgummi, in die Rahmen eingebaut.

An den Seiten vorne haben wir Schiebefenster eingebaut, und die Türe wurde aus 8 mm Sicherheits-Verbundglas, in einem Stahlrahmen gefertigt, und als Schiebetüre mit Rollen in eine Schiene eingehängt. Später wurde die Schiebetüre elektrisch betrieben, und so konnte dann die Türe in jeder Stellung arretiert werden, brauchte also, z.B. bei halb offener Stellung, etwa bei Seegang, nicht extra festgestellt werden. Bedient wurde die Schiebetüre mittels Schalter am Türrahmen innen und außen, und am Innenfahrstand. Freigegeben wurde der Türschalter über ein Codeschloß. Außerdem konnte die Türe per Fernbedienung bedient werden.

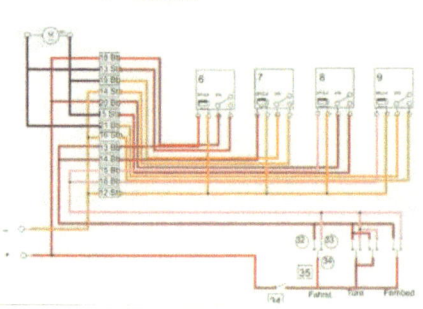

Da die beiden Dieselmaschinen automatisch, über ein Codeschloß, gestartet wurden,

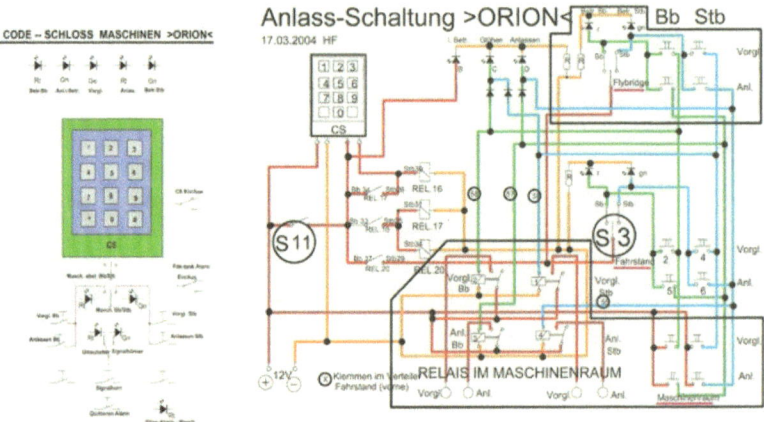

und die Schiebetüre ebenfalls, hatten wir für das gesamte Schiff keinen einzigen Schlüssel. Konnten wir also auch keinen vergessen, oder verlieren (war allerdings eine ganz private „Marotte" von mir).

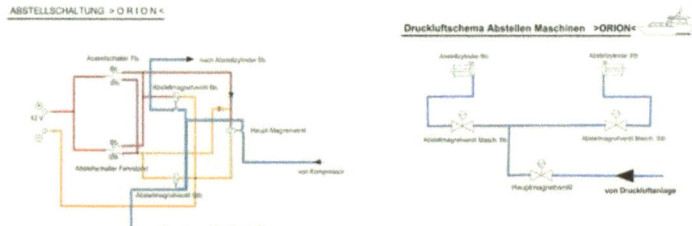

Auf die Querrohre der Salondecke wurden, damit der Boden der Flybridge eine leichte Wölbung bekam, Hölzer, die auf einer Seite leicht rund gehobelt wurden, aufgeschraubt. Auf diese wurden dann 10 mm dicke wasserfest verleimte Sperrholzplatten verlegt und verschraubt. Auf diese Holzplatten haben wir dann 6 mm starke PPH-Platten (Polypropylen Hart) verlegt und miteinander verschweißt. Die Seitenwände der Fly wurden aus 10 mm starken PPH-Platten gefertigt und mit den Bodenplatten verschweißt. Ebenso vorne und hinten.

Stb hinten bekam die Fly einen Durchbruch, damit die Fly mittels einer VA-Leiter erreicht werden konnte. Ein Podest für den zweiten Fahrstand wurde auch aus PPH-Platten gefertigt und verschweißt.

Zu diesem Zeitpunkt, es war im April 1989, ist meine Lebenspartnerin Evelyn leider an Krebs verstorben. Nun stand ich völlig alleine vor unserm Schiff, und war erst einmal völlig am Ende. Ich hatte ohnehin gerade Urlaub (wir wollten eigentlich just zu diesem Zeitpunkt für ein paar Wochen nach Spanien fahren und Urlaub machen). Um mich abzulenken, habe ich dann wie ein Verrückter am Schiff gearbeitet, fast rund um die Uhr. Irgendwie musste ja alles weitergehen.

Der Fahrstand im Salon kam als nächstes an die Reihe. Den habe ich aus einem Stahlgerüst angefertigt, und mit wasserfest verleimten Sperrholz, verkleidet. Dann die Einhebel-Doppelschaltung für Gas und Getriebe für die beiden Dieselmaschinen eingebaut, und alle Anzeigen für Drehzahl, Kühlwassertemperatur und Öldruck installiert.

In einer extra Konsole wurden alle erforderlichen Bedienelemente, sowie das Codeschloß zum automatischen Anlassen der beiden Diesel, eingebaut.

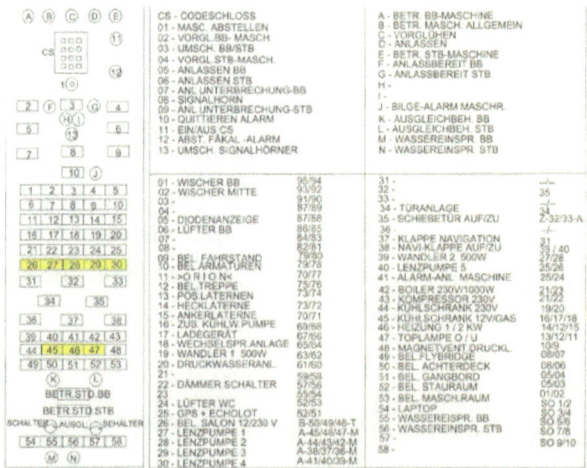

In das eingeschweißte Achterdeck aus Stahlblech kam eine Luke (0,70 m X 1,00 m) mit Wasserablaufrinne. Von dort aus konnte ich zu jeder Zeit den Maschinenraum, durch die beiden Stauräume, erreichen.

Jetzt konnte ich auch die beiden Dieselmaschinen auf ihren Fundamenten zu den Wellen ausrichten, und die beiden Wellen mittels Flex - Kupplungen anschließen. Für die elektrische Versorgung kamen zwei 150 AH Batterien für das Bordnetz, und eine 150 AH Batterie als Starterbatterie für die beiden Maschinen zu Einsatz. Der elektrische und auch der mechanische Anschluss der beiden Dieselmaschinen war auch schon bald, bis auf den Anschluss der Gas-Bowdenzüge, „Schnee von gestern". Dieses war allerdings nicht so einfach. Normalerweise haben Bosch-Einspritzpumpen zwei Hebel, einen für die „Füllung", also für „Gas", und einen, der gewöhnlich per Elektromagnet betätigt wird, um die Einspritzpumpe auf „Nullförderung" zu stellen, also zum Abstellen der Maschine. Die Bosch-Einspritzpumpen an meinen Hanomag-Dieseln hatten jeweils nur einen Hebel, der, vom „Nullpunkt" in die eine Richtung bewegt, der „Füllung" diente, und vom „Nullpunkt" in die andere Richtung bewegt, die Einspritzpumpe auf „Nullförderung" stellte. Da ja der Bowdenzug bei

„Nullstellung" den Hebel der Einspritzpumpe ebenfalls auf „Nullstellung" brachte, konnte der Hebel der Pumpe nicht in die „Nullförderungsstellung" gebracht werden. Also musste ich mir mal wieder etwas einfallen lassen. Der „Differentialschalter", der bei 2 Fahrständen erforderlich ist, musste in Längstrichtung beweglich angebracht werden. Dieser konnte dann komplett in Richtung „Nullförderung" gezogen werden. Eine starke Feder stellte dann die ganze Mechanik wieder in die „Nullstellung". Da ich ja nun alles per „Knopfdruck" betätigen wollte, kam kein Abstellseil zum Einsatz, sondern je ein Pressluftzylinder, der über jeweils ein Magnetventil gesteuert wurde.

Musste ich mir nur noch etwas geeignetes für die Kühlung der Maschinen einfallen lassen, nicht so einfach!! Für den inneren Kühlkreislauf habe ich jeweils drei „Kühltaschen" Stb und Bb an den Schiffsboden im „Stauraum 2" angeschweißt.

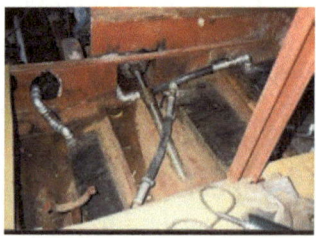 

Diese habe ich dann mittels 1 Zoll Kühlwasserschläuche miteinander verbunden und an die jeweiligen Ölkühler und Dieselmaschinen angeschlossen. Das Wasser des inneren Kühlkreislaufes wurde nun im Bereich der Kühltaschen vom außen durch das Seewasser gekühlt. Allerdings wusste ich noch nicht, ob die Flächen der Kühltaschen für die Kühlung ausreichend sein werden. Theorie und Praxis sind eben doch, wie so oft, zwei verschiedene Dinge!!! Aber das wird sich ja bei der Probefahrt herausstellen. Damals wusste ich ja noch nicht, das es vorerst keine Probefahrt gab!!

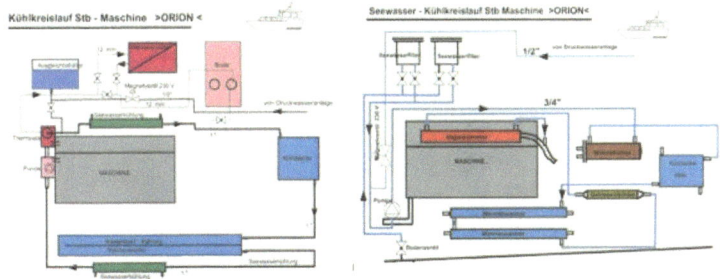

Die Steuerung für die beiden Ruderblätter war noch vorhanden, und wollte ich auch im Moment nicht ändern, funktionierte ja auch noch. Über Winkelgetriebe und Gestänge wurde ein Lenkgetriebe angesteuert, welches dann die beiden Ruderblätter, die ich schon vergrößert hatte, bewegte. Da ich jedoch die Vorstellung hatte, das Schiff auch per Fernsteuerung fahren zu können, habe ich das Gestänge kurz vor dem Lenkgetriebe getrennt, habe einen Elektromotor und eine Druckluft gesteuerte Kupplung eingebaut, und das Schiff konnte ferngesteuert werden. Das auch nur, weil meine Gedanken in Richtung „Autopilot" gingen.

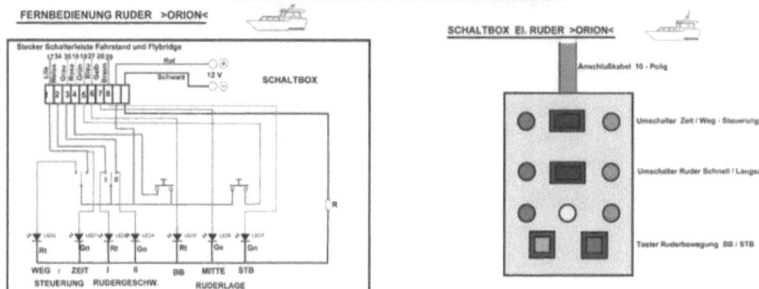

Die Spachtel- und Malerarbeiten hatte ich inzwischen an einen Bekannten aus dem Verein vergeben. Das war ein noch rüstiger Rentner, der im Verein so manches Boot bearbeitet hatte.

Ich hatte mit der Technik noch genug zu tun, und da ich im September das Schiff in's Wasser bringen wollte, hatte ich für die Spachtel- und Malerarbeiten überhaupt keine Zeit. UKW-Funk musste noch eingebaut werden, samt Antenne, das DECCA-Navigationsgerät nebst Antenne wurde installiert, eine elektrische Vakuumtoilette samt 170 Liter Fäkalientank nebst Zerhackerpumpe musste auch noch eingebaut werden.

 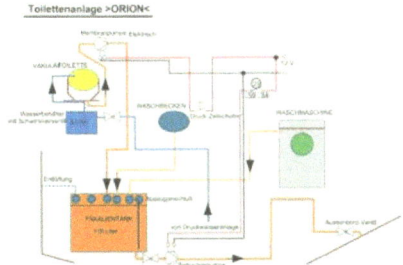

Außerdem habe ich noch zwei Wassertanks, einer mit 110 Litern, und einer mit 140 Litern, eingebaut und miteinander verbunden, und an den Füllstutzen an Deck angeschlossen.

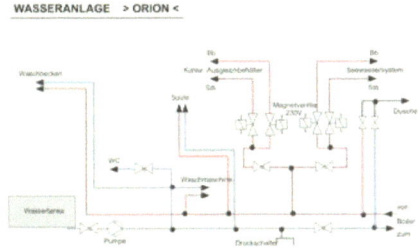

Einen Danforth-Anker nebst 50 Meter Ankerkette bekam mein Schiff auch noch. Eine Ankerwinde hatte ich noch nicht, musste, bei Bedarf, noch per Hand gehen. Die Positions- und Dampferlichter mussten vor der ersten Fahrt ja auch noch angebracht und angeschlossen werden. Ebenso die Ankerlampe. Neue Seekarten für Jadebusen, Nordsee, und für die Elbe habe ich mir dann noch zugelegt. Im September 1989 hatte ich das Schiff soweit fertig, das es nun endlich in's Wasser konnte.

Ein Trecker samt Fahrer, beides von einem Wassersportverein in Varel, kamen, und nahmen mein Schiff an den Haken, und los ging die 12 Km lange Fahrt zum Vareler Hafen.

Dort angekommen, habe ich erst einmal an einer Tankstelle im Hafen 500 Liter Diesel getankt. Dann ging's weiter zur Slipanlage, und mein Schiff wurde langsam in's Wasser gelassen, und…..es Schwamm!

Ich habe die beiden Diesel gestartet und bin zum Anleger gefahren. Hat alles funktioniert, SUPER!!! Mit meinem Freund Jürgen Riebeling, der auch schon vor Ort war, wollte ich dann am nächsten Tag mit dem Schiff nach Hamburg, an die Bille, in den Yachthafen des EMC, fahren. Ein anderer Freund, Manfred Rademacher, war, vom SWE kommend, auch schon am Anleger in Varel. Er wollte uns mit seinem Segelschiff >NANDU< als Begleitung bis zur Wesermündung bei eventuellen Problemen zur Seite stehen. War aber nicht nötig.

Auf beiden Seiten der Flybridge haben wir den Schiffsnamen **>ORION<** mit Klebebuchstaben angebracht. Musste ja für die Überfahrt nach Hamburg sein. Die Bootstaufe sollte erst später in Hamburg, an der Bille, stattfinden. Später habe ich zwei neue Namensschilder angefertigt. In eine Aluminiumplatte, 100x40 cm, wurden, in Doppelreihen, jede Menge Leuchtdioden, ca. 550 Stück, in Fassungen, eingesetzt, und in einen VA-Rahmen eingearbeitet, und mit einer Glasabdeckung versehen. Das ganze zwei mal. Grün für Stb. und Rot für Bb. Das ganze wurde dann jeweils Stb. und Bb. In die Seitenwände der Flybridge eingesetzt.

Am nächsten Tag am 29.09.1989 sind wir, d.h., mein Freund Jürgen Riebeling und ich, durch die Vareler Schleuse in den Jadebusen gefahren. Beide Dieselmaschinen liefen einwandfrei, und das Schiff machte gute Fahrt.

Nach so ca. einer Stunde Fahrt fiel die Stb. Maschine aus, und startete auch nicht wieder. Jürgen fuhr weiter, und ich tauchte ab in den Maschinenraum. Auch von da startete die Maschine nicht. Na ja, im Moment nicht zu ändern. Wir konnten mit einer Maschine ja auch ohne Probleme weiterfahren. Da keine weiteren Probleme auftraten, ist unser Freund Manfred mit seiner >NANDU< in die Weser abgebogen, und nach Elsfleth zurückgefahren. Wir fuhren guter Dinge weiter durch die Nordsee in Richtung Elbe. An der Elbe angekommen, nahmen wir Kurs auf Cuxhaven, dort wollten wir erst einmal im Yachthafen anlegen. Wegen der Tide sind wir etwas später in Varel abgefahren, und somit wussten wir noch nicht, ob wir bis Hamburg durchfahren konnten. Im Restaurant des Cuxhavener Yachtclub haben wir uns erst einmal „gestärkt" und in Hamburg angerufen, das es sehr spät wird, oder auch erst am nächsten Tag. Leider bin ich nicht auf die Idee gekommen, als wir in Cuxhaven lagen, und keine Maschine mehr lief, die Stb. Maschine vom Maschinenraum aus zu starten, dann hätte ich mit Sicherheit etwas hören können. Aber was solls, geht ja auch so!! Als wir in Cuxhaven ablegten war es mittlerweile dunkel, aber, da ich ja Positions- und Dampferlichter betriebsbereit hatte, war das überhaupt kein Problem. Ich fahre sehr gerne nachts, die Elbe ist ja auch supergut mit beleuchteten Fahrwassertonnen, Leitfeuern, Quermarkenfeuern, Richtfeuern usw. ausgestattet. Für meinen Freund Jürgen war das nicht so ganz das „Wahre". Er hatte zwar auch ein Sportboot in Hamburg, aber keine „Nachtfahrerfahrung". In Höhe Glückstadt überlegten wir, ob wir hier festmachen wollten, oder ob wir bis nach Hamburg durchfahren sollten. Ich wäre ja weitergefahren, aber mein Freund war nicht so sehr davon angetan. Also überließ ich ihm die Entscheidung. Ich kannte den Hafen von Glückstadt, und war keineswegs begeistert davon, hier zu übernachten. Na ja, so gegen 24,00 Uhr legten wir dann doch an, und schlossen den Abend und die bisherige Fahrt in der nächsten Hafenkneipe mit ein paar „Charlys" ab.

Da das Schiff ja noch keinerlei Einrichtung, außer die, welche ich schon beschrieben hatte, innehatte, legten wir uns auf die mitgebrachten Luftmatratzen, und machten für ein paar Stunden die Augen zu. SCHNARCH!!!

Am nächsten Morgen, so gegen 06,00 Uhr, kam mit fürchterlichem Getöse ein Fährschiff, und wir musste in aller Eile sehen, das wir mit unserem Schiff wegkamen. Aber auch das war eigentlich kein Problem. Bb-Maschine an, Leinen los, und weiter ging die Fahrt in Richtung Hamburg. Ein paar Stunden später fuhren wir durch den Hamburger Hafen, und weiter zur Bille, d.h. durch die Schleuse, und dann zum Yachthafen des EMC.

Die Überfahrt hat mein Schiff recht gut bewältigt, bis auf die Stb.-Maschine. Aber, schauen wir mal. Ich sah mich schon die Maschine wechseln, und habe schon mal die Wellenkupplung ausgebaut. Aber da ich nicht gerne unnötige Arbeite verrichte, habe ich dann doch noch einmal versucht, die Maschine zu starten, und da ja im

Maschinenraum alles ruhig war, kam mir das Geräusch beim Drehen der Maschine doch ein wenig seltsam vor. Der Diesel bekommt überhaupt keinen Sprit. Na, so was, Nur noch Luft im Filter!!! Filter entlüftet, und die Maschine startete ohne Schwierigkeiten, na, Super!!! Hätte ich ja auch schon in Cuxhaven feststellen können!!!! Aber, wieso Luft im Dieselsystem???? Ursache suchen, später!! Erst habe ich die Wellenkupplung wieder montiert, erneut gestartet, Maschine lief, Getriebe geschaltet, Maschine lief, alles perfekt!!

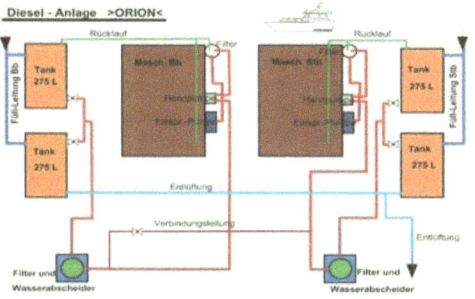

Im Oktober sollten alle Schiffe des EMC per Autokran an Land. Also musste schnellstens der Bootswagen, der ja noch im Vareler Hafen stand, nach Hamburg. Aber wie??? Ich habe dann in Hamburg den größten PKW-Transportanhänger, den ich auftreiben konnte, gemietet, und bin mit Freund Jürgen, Flex und Transportgurten nach Varel gefahren. Dort haben wir den Bootswagen in der Mitte auseinander geschnitten, auf den Anhänger gewuchtet, und festgezurrt.

So sind wir dann nach Hamburg zurück gefahren, und haben den Bootswagen beim EMC wieder zusammen geschweißt. Der Autokran konnte kommen!!!

Als mein Schiff an Land stand ging der Ausbau erst so richtig los. Alles mögliche Werkzeug an Bord gebracht, und das nötige Material gekauft.

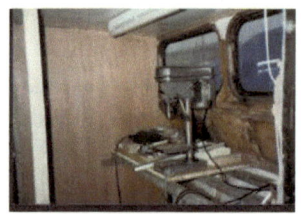 

So ganz nebenbei habe ich auch noch eine, bereits geplante, Hecktüre angefertigt und eingebaut. Der Innenausbau ging auch zügig voran.

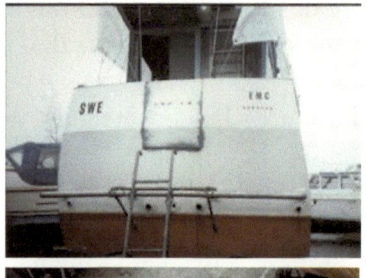 

Inzwischen hatten wir das Jahr 1990, und über „Arbeitsmangel" konnte ich wirklich nicht klagen.

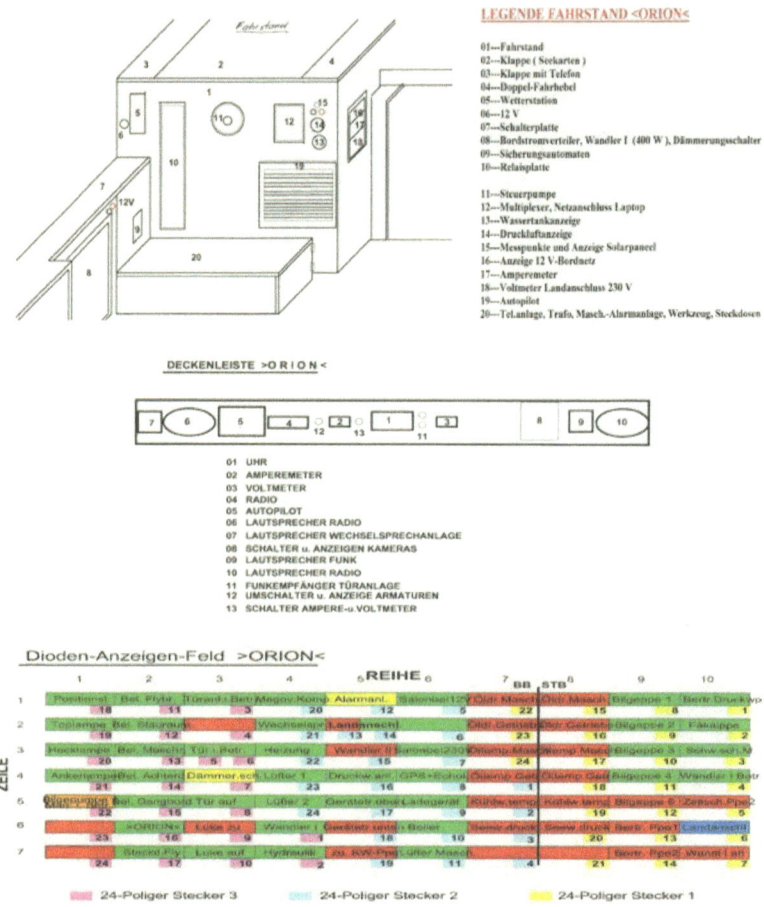

In den nächsten Monaten, also bis zum Krantermin, hatte ich noch reichlich zu tun!!!
Da war ja noch die Sache mit dem Warmwasser für die Pantry und die Dusche. Ein Boiler musste her!! Einen normalen Boiler, mit elektrischer Heizpatrone, habe ich dazu umgebaut. Den „Weichgelöteten" Boiler habe ich erst einmal auseinander gelötet, habe dann zwei Heizschlangen aus Kupferrohr angefertigt, und in den Boiler eingelötet. Dann den Boiler wieder

zusammengelötet, allerdings alles „Hartgelötet". Eingebaut habe ich den Boiler in Stauraum 1, und an die beiden Heizschlangen wurden die Kühlwasserleitungen der beiden Dieselmaschinen angeschlossen. Somit hatten wir während der Fahrt „Heißwasser" über die Maschinen, und im Hafen über die elektrische Heizpatrone.

Mittlerweile waren Ausbau und Einrichtung weiter fortgeschritten, und die Schaltung für die Fernbedienung der Ruderanlage war auch fertig und angeschlossen.

Aber dann war es mal wieder soweit, das Schiff kam wieder in sein Element.

Die Erprobung und das Testen der im Winter eingebauten Teile konnte erfolgen.

Es lief allerdings bei weitem nicht immer alles so, wie es eigentlich sollte. Des Öfteren blieb mal die Stb. Maschine einfach stehen. Mal war es die Bb Maschine??? Immer war jede Menge Luft in den Dieselfiltern?? Da ich keine undichte Stelle ausmachen konnte, habe ich letztlich sämtliche Dieselleitungen erneuert, und siehe da, Problem gelöst!! Bei einer anderen Probefahrt auf der Elbe blockierten plötzlich die Ruderblätter??? Das Ruder ließ sich einfach nicht mehr bewegen, stand aber (zufällig??) so ziemlich Mittschiffs. Mit Hilfe der beiden Maschinen konnte ich aber das Schiff auf Kurs halten, durch die Schleuse in die Bille einfahren, und auch noch rückwärts in meine Box beim EMC anlegen. Am Anleger war die Ursache allerdings bald gefunden. Ein Bolzen hatte sich total verklemmt, und das musste repariert werden.
Übrigens, am 07.April 1990 fand im Yachthafen des EMC mit lautem Getöse und guter Stimmung die Bootstaufe statt. Das Schiff wurde, wie schon sein Vorgänger, auf den Namen

>ORION<

getauft.

Von dieser Taufe ist auch ein Film vorhanden.

Auch die Flybridge war inzwischen fertig, und mit allem, was nötig war, ausgerüstet.
Aber auch das liest sich so einfach, war aber in „Wirklichkeit" ganz schön arbeitsaufwendig:
Erst habe ich die Reling für die Flybridge aus 1 Zoll starkem Edelstahlrohr angefertigt, und auf den Stahlwinkel, der rund um die gesamte Fly angeschraubt war, aufgeschraubt. Im Winter hatte ich den Geräteträger, natürlich auch aus Edelstahl, ¾ Zoll, angefertigt, und auf die, schon angebrachten Fundamente montiert, klappbar natürlich!!! Soweit, so gut, die gesamte Maschinenüberwachung, die Bedienungseinheiten, Anschlüsse für UKW, Echolot, Gegensprechanlage, Kabel mit reichlich bemessenem Querschnitt für den 100 W-Scheinwerfer, die Doppel-Einhebelschaltung für die beiden Maschinen, und letztlich musste ja noch, um

überhaupt von der Fly aus fahren zu können, die gesamte Ruderanlage geändert werden. Also, das Rudergestänge samt Winkelgetriebe und Lenkgetriebe nebst Elektrischen Rudermotor mit Druckluftkupplung wieder ausgebaut. Bei der Firma SCHWENCKNER habe ich eine Hydraulische Ruderanlage, passend für meine >ORION<, mit zweiter Pumpe und Sperrblock gekauft. Statt Lenkgetriebe kam nun ein Hydraulischer Ruderzylinder zum Einsatz. Diverse Kupferleitungen wurden verlegt, und der Sperrblock wurde im Maschinenraum eingebaut. Eine Ruderpumpe, mitsamt dem vorhandenen Steuerrad wurde am Innenfahrstand eingesetzt, und die Zweite, mit einem kleineren Steuerrad versehen, kam auf die Flybridge zum Einsatz. Dann noch einen Ausgleichbehälter für das Hydrauliköl, FERTIG!!!! Den „Rudermotor" habe ich dann als „Türantrieb" eingesetzt.

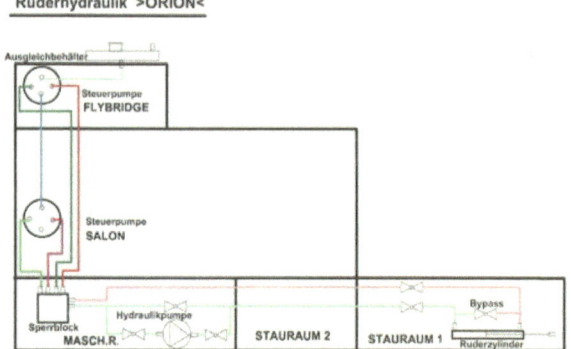

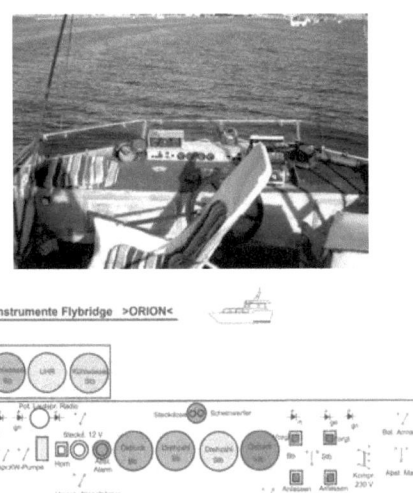

Gegen Ende der Saison sind wir, meine neue Bekannte, Rita, und ich, mit unserer >ORION< über Fedderwarden, bei sehr schlechtem Wetter, gepaart mit viel Seegang, nach Elsfleth gefahren, und dort haben wir unseren Liegeplatz wieder eingenommen. Da ich inzwischen nach Bad Zwischenahn umgezogen war, habe ich meine Mitgliedschaft beim EMC aufgelöst, hatte allerdings noch lange Kontakt.

Im Lauf der ganzen Probefahrten, und während der Fahrt nach Elsfleth habe ich festgestellt, das die Kühlung der Dieselmaschinen nur über die „Kühltaschen" doch nicht so ganz zufriedenstellend war. Da musste ich mir doch noch irgend etwas einfallen lassen. Dürfte aber kein größeres Problem sein. Der nächste Winter stand ja schon vor der Türe. Für das Winterlager hatte ich einen Lagerplatz bei der Firma Schomburg, am Küstenkanal, gemietet. Wir sind also dort hin gefahren, und haben an der Spundwand festgemacht. Das Schiff sollte in den nächsten Tagen per Kran an Land, auf meinen

Bootswagen, gestellt werden. Wir wohnten ja in Bad Zwischenahn und wollte nach Hause fahren. Wir haben die elektrische Türe zugefahren und per Codeschloß abgeschlossen. Ein paar Tage später sind wir wieder an Bord gefahren, wollten die Türe öffnen, war aber nix!!! Was ist das??? Die Digitaluhr mit der großen Leuchtanzeige war natürlich weiter gelaufen, samt Anzeige, und hat die großen Batterien so ziemlich leergelutscht. Von der Luke im Achterdeck aus konnte ich die Starterbatterie anzapfen, und somit die Türe öffnen. Das sollte mir natürlich nicht noch einmal wiederfahren!! Die Leuchtanzeige der Digitaluhr habe ich abgetrennt, und an das Codeschloß angelötet. Wenn nun das Codeschloß abgeschaltet wird, geht auch die Leuchtanzeige der Uhr aus, aber die Uhr läuft weiter, und kann den Batterien nun nichts mehr anhaben. Viel später habe ich dann aber doch irgendwo eine „Notschaltung" eingebaut.

Außen am Bootskörper habe ich, jeweils Bb und Stb, miteinander verschweißte Vierkantrohre, 100x60 mm, jeweils für Hin- und Rücklauf, angebracht, mit 1 zölligen Durchbrüchen durch die Bordwand mittels 1 zölligen Rohren, die ich dann an das vorhandene Kühlsystem angeschlossen habe. Somit hatte ich die Kühlfläche, die vom Seewasser umspült wurde, erheblich vergrößert. Sollte wohl funktionieren!!

Diese Arbeiten habe ich in Oldenburg, am Küstenkanal, im Winterlager bei der Firma Schomburg ein "Wasserbau-Unternehmen", durchgeführt.

Die Fahrten in der nächsten Saison sollten mir Recht geben. Es gab nur noch hin und wieder Kühlprobleme, die durch so einige Hoch- und Tiefpunkte in meinem verzweigten Kühlsystem hervorgerufen wurden. Der Einbau von automatischen Entlüftungen hat dieses Problem weitestgehend beseitigt.

Da das Schiff in mehrere Abteilungen unterteilt war, haben wir insgesamt 5 Lenzpumpen eingebaut.

Neben der „Modernisierung" des Innenfahrstandes habe ich natürlich auch den Innenausbau vervollständigt.

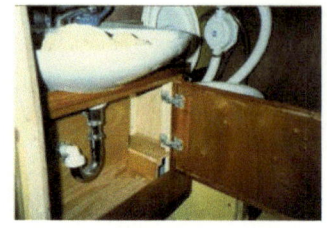 

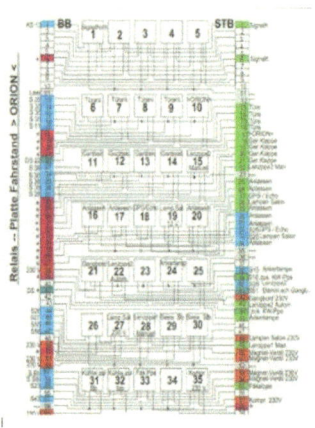

Auf eine Heizung haben wir eigentlich keinen größeren Wert gelegt, da wir ja im Mittelmeer sicher nicht so viel heizen müssten. Aber, man kann sich auch täuschen!! Ich habe trotzdem ein „Heizungskonzept„ entwickelt, und das haben wir dann auch eingebaut. Unten, in der Eckbank, haben wir ein Rohrleitungssystem, ähnlich wie für den Boiler, nur größer, eingebaut und an das Kühlwassersystem der beiden Maschinen angeschlossen. Davor kamen noch zwei elektrische Heizspiralen, mit jeweils 1000 W, und vor diese Heizspiralen kam noch jeweils ein Radiallüfter. In die Sitzbank wurde ein Lüftungsgitter eingebaut, und wir hatten eine Heizung, die auf See und auch im Hafen funktioniert hat. Außerdem haben wir, da, wo auf den Bildern vom

Fahrstand ein Gitter zu sehen ist, ebenfalls zwei Rohrschlangen verlegt, und mit dem Kühlwassersystem der Maschinen verbunden. Hinter diese „Heizschlangen" wurde ebenfalls ein Lüfter installiert.

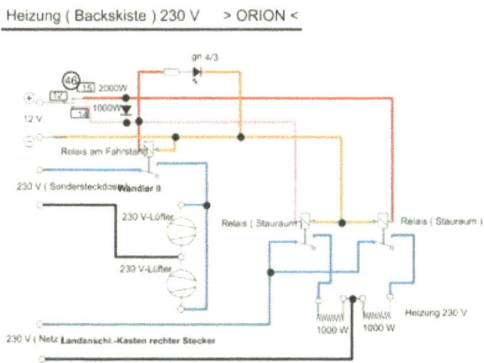

Um eine vernünftige Kommunikation zwischen Innenfahrstand und Vordeck zu gewährleisten, musste ich noch eine „Wechselsprechanlage" entwickeln und einbauen. War aber auch kein größeres Problem.

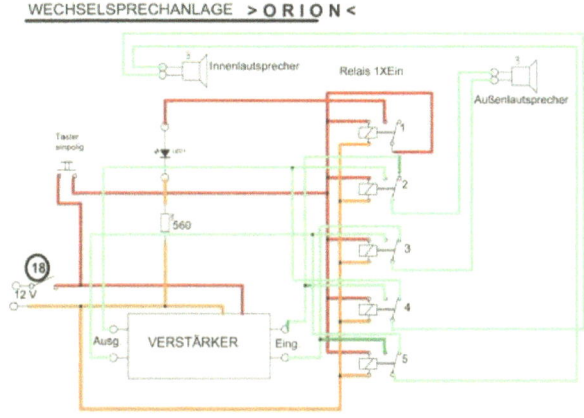

Auch für die Kommunikation innerhalb unseres Schiffes habe ich mir etwas supergutes einfallen lassen. Da man auf unserem Schiff nicht von überall aus Sicht-, oder Rufkontakt hatte, haben wir eine Telefonanlage mit fünf Sprechstellen eingebaut. Ein Telefon am Innenfahrstand, ein Telefon vorne in der Eignerkabine, sowie jeweils ein Telefon im Maschinenraum, auf der Flybridge, und, man höre und staune, ein Telefon im Waschraum, beim WC!!! Alles hat über dieses Telefon gelacht, aber alle hatten auch schon erlebt, das, bei der Erledigung eines „gewissen Geschäftes", mit Sicherheit ein plötzliches Gebrülle, oder Geklopfe, oder Getrappel einsetzt, weil irgendwo in der Ferne irgendetwas auftaucht. Deshalb ein Telefon an diesem Ort, und das Gelächter wurde tatsächlich weniger, siehste!!!

Da ich beabsichtigte, in den nächsten Jahren meine >ORION< in Elsfleth, auf dem Clubgelände zu Lagern, musste ich noch Rungen an meinen Bootswagen anbringen. Bei Schomburg, am Küstenkanal, wurden die Boote mittels Mobilkran an Land gehoben, und auf den Bootswagen abgesetzt. In Elsfleth ging das alles über die „Slipanlage", eine schräge Rampe, über die dann die Boote mittels Bootswagen aus dem Wasser gezogen wurden. Da man den unter Wasser stehenden Bootswagen nicht unbedingt sehen kann, und vom Fahrstand aus schon gar nicht, sind eben diese Rungen, die dann noch aus dem Wasser ragen, erforderlich.

Aber in den Sommermonaten waren wir natürlich wieder fast an jedem Wochenende mit unserer >ORION< unterwegs. Oft waren wir in Bremerhaven, im Wulsdorfer Yachthafen,

aber meistens im „WESER YACHTCLUB", der fast mitten in der Stadt liegt. Nur wenige Minuten bis zur Fußgängerzone.

Ach ja, mein Bootswagen war mit einem Tieflader der Firma Schomburg von Hamburg an den Küstenkanal, auf das Winterlagergelände, gebracht worden, und auch noch nach Elsfleth, auf unser Clubgelände.

Im Winterlager des Jahres 1995/96 wurde natürlich weiter umgebaut, in Elsfleth.

So ganz „fertig" wurde unsere >ORION< eigentlich nie!!
Aber wer ein Boot, oder auch ein Haus, sein Eigen nennt,
der kennt das sicherlich. Hier ist was zu ändern, dort ist
was umzubauen, oder zu erneuern, usw., das hört ja
eigentlich nie auf, vor allem nicht auf einem Sportboot!!!
Es gibt ja immer was „Neues"! Fast meine gesamte
„Bootsausrüstung, die ich für mein neues Schiff

benötigen würde, hatte ich bei der Firma SCHWENCKNER, in Hamburg, gekauft. So auch einen Autopiloten, „AUTOHELM 3000". Da es mir allerdings überhaupt nicht gefiel, im Salon, am Innenfahrstand, den Antriebsriemen und Antriebsmotor zu haben, war ich auf die Idee mit dem, bereits erwähnten, elektrischen Ruderantrieb gekommen. Anstelle des Antriebsmotors mit Riementrieb, sollte der Autopilot, über eine „Relaissteuerung" den, im Bootsheck installierten, Rudermotor ansteuern. Das hat allerdings nur sehr grob funktioniert. Das Schiff fuhr mit dieser Anlage in großen „Schlangenlinien", und dann ging nix mehr, und das Boot fuhr nur noch große Kreise. War also nix! Eine Anfrage bei der Firma „Autohelm" ergab auch nichts. Man meinte zwar, das es so eigentlich funktionieren müsste, aber ansonsten nur „Achselzucken".

Den „DECCA-NAVIGATOR" musste ich nach so etlichen Jahren treuer Dienste gegen ein „GPS-Gerät" austauschen. Die DECCA-Funkkette wurde eingestellt. Somit waren immer wieder Änderungen und Umbauten fällig. Den letzten, großen, Umbau haben wir, inzwischen Ute und ich, im Winterlager 2002/03 getätigt. Da wir ja im Mai 2003 mit unserer >ORION< ins Mittelmeer fahren wollten. Musste noch so einiges getan werden. Ein Autopilot, der dann allerdings funktionieren sollte, musste eingebaut werden. Zum Einsatz kam ein richtig teuerer Autopilot der Firma „ROBERTSON" mit zwei „Bedieneinheiten". Eine haben wir am Innenfahrstand, oben in die Deckenleiste eingebaut, die Zweite wurde auf der Fly, am Außenfahrstand angeschlossen.

Auch eine elektrische Ankerwinde, die wir vom Innenfahrstand, von der Flybridge, und auch vom Vordeck aus bedienen konnten, kam zum Einbau. Vorne musste eine neue, riesig große, Luke eingebaut werden (im Austausch gegen die schon immer vorhandene, kleinere).

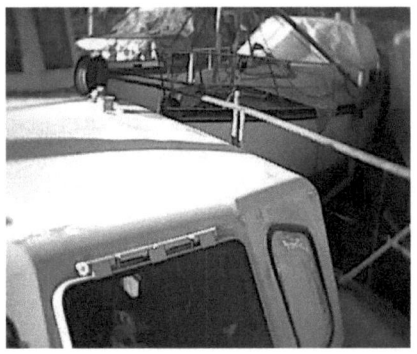

Eine, zwar etwas kleinere, aber richtige, Waschmaschine wurde in einem Raum, in dem eigentlich die Dusche hin sollte, eingebaut. Eine Dusche, mit Warm- und Kaltwasser, war ja schon am Achterdeck installiert. Um das Achterdeck wurde von der Segelmacherei „WOLFF", in Dreibergen, eine Plane, mit so etlichen Reißverschlüssen, gefertigt. Ebenso eine Plane für den Fahrstand auf der Flybridge, und auch noch ein Bimini.

Unsere >ORION< hatte bis dahin lediglich ein elektrisches Signalhorn, welches allerdings immer ausreichend war. Aber nun wollte ich ein „richtiges" Signalhorn einbauen. Druckluft hatten wir ja ohnehin an Bord, und da lag es natürlich nahe, ein Kompressorhorn einzubauen. Das haben wir dann auch gemacht.

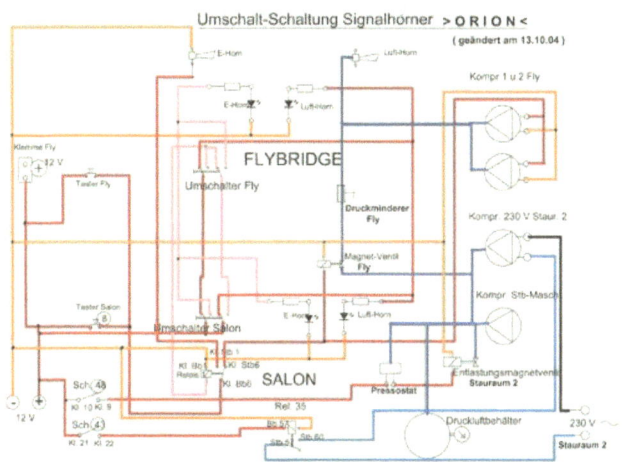

Es sah während der „Bauphase" immer recht Wüst bei uns an Bord aus, aber das ist nun mal so, und auch kaum zu ändern.

Außerdem haben wir noch vier Farbkameras, und zwei Farbmonitore an Bord installiert. Jeweils eine Kamera Bb und Stb über die Positionslampen, eine Kamera vorne an der Flybridge, über die Binnentoplampe, und eine über die Hecklampe. Ein Monitor wurde in die Deckenleiste integriert, und einer in der Schranktüre gegenüber der Sitzecke. Die 4 Kameras konnten wir auch auf unseren Fernseher schalten, jede einzeln, oder auch fortlaufend, oder alle 4 Kameras auf einmal.

Die beiden Lichtmaschinen habe ich so geschaltet, das, wenn eine Maschine ausfällt, egal welche, trotzdem beide Batteriesätze geladen werden.

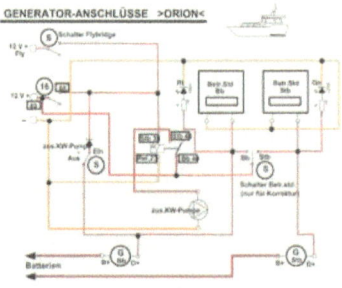 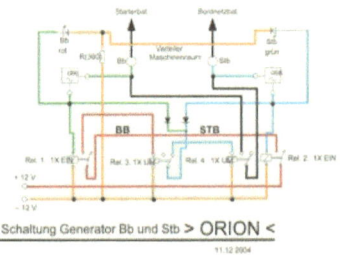

Utes Computer wurde im Vorschiff eingebaut, und mein Laptop kam, weil in diesem der Kartenplotter installiert war, auf den Innenfahrstand. Wir konnten Kurs und Wegpunkte im Laptop, auf den Kartenplotter eingeben, und zusammen mit dem GPS auf den Autopiloten schalten, und das Schiff fuhr dann selbstständig die eingegebene Route. Blieb uns nachher, im Mittelmeer, nur noch so ca. alle halbe Stunde die derzeitige Position in unsere Seekarten einzutragen, falls mal irgend etwas ausfällt, kann ja mal sein, war allerdings nie der Fall!!!

Ein „Beiboot" brauchten wir ja auch noch!! Wir hatten uns auf der „HANSEBOOT" in Hamburg schon einmal umgeschaut. Ein Boot von der Firma „THERRY" kam für uns eigentlich nur in Betracht. Unsinkbar, und nicht zu groß. Wir entschieden uns für ein "BABYFUN", 2,30 m lang, und 1,30 m Breit, mit Rudern, und Spiegel für einen Außenbordmotor. Ein „Gummiboot" kam für uns nicht in Frage!!

Aber nun kams: wohin mit dem Beiboot??? „DAVITS" wollte ich nicht anbauen. Wäre sicherlich kein Problem gewesen, und ein Boot bis zum Mittelmeer hinterher ziehen, ist auch nicht das „Gelbe vom Ei". Also, da habe ich mir etwas „ganz Geniales" einfallen lassen. Unsere Flybridge war ja „Riesengroß", 5,50 X 2,50 Meter. Da passte ja wohl ein kleines Boot noch hin!!! Aber wie soll man ein, immerhin 52 Kg schweres, Boot auf die vier Meter über Wasser liegende Flybridge bekommen??? Meine Idee war, ein Kran auf der Fly sollte es möglich machen!! Auf jeder Seite der Fly, in Höhe des oberen, hinteren Punkt des Geräteträgers innen an der Reling ein einzölliges „Führungsrohr" angeschraubt. Dort hinein kam der „Ladebaum" mit einem Gelenk versehen. Jeweils eine Doppelrolle kam an den Ladebaum, und an den Geräteträger. So konnte der Ladebaum gehoben und gesenkt werden. Die seitliche Lage des Baumes konnte dann fixiert werden. Die Last, das Boot, konnte dann mittels eines „dreifach geschorenen" Seilzug auf die Fly gehoben werden. Dann nur noch einschwenken und absetzen!! Den ganzen „Kran" konnte ich, je nach Bedarf, entweder Stb. oder Bb. einsetzen. Hat wunderbar funktioniert!! Unser Beiboot hat seinen Platz auf der Flybridge gefunden.

 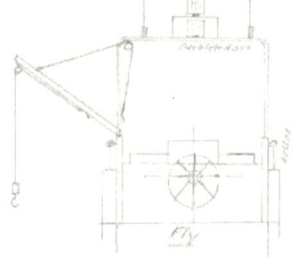

Später, während der Fahrt nach Spanien, hat sich, als das Wetter besser wurde, und auch die Temperaturen stiegen, herausgestellt, das unser Beiboot, auf der Fly, doch ein wenig störend wirkte.

Also, die „Ideenkiste" wieder mal geöffnet, und dabei herausgekommen ist, das wir unser Beiboot auch am Heck hochziehen konnten, und dort festmachten. Die Hecktüre brauchten wir ja sicher unterwegs nicht, und wenn, konnten wir das Boot ja in`s Wasser lassen. Allerdings mussten wir die „Registriernummer" und den „Heimathafen" dann auf den, nun sichtbaren, Bootsboden aufmalen. War aber auch kein Problem!!

Ja, das war´s eigentlich mit unserer „Bootsbauerei". War „Sau viel" Arbeit, aber wir hatten ein recht brauchbares Schiff, mit allem was man so brauch wenn man an Bord wohnen will. Das Schiff war uns auch nie zu klein, und wir haben dann auch noch 5 Jahre auf dem Boot gewohnt, im Mittelmeer!!!

Aber auch im Mittelmeer, im Yachthafen von Los Nietos, haben wir noch so einige Umbauten durchgeführt, wie zB. Den Umbau des gesamten Vorschiffes, ansonsten habe wir in Los Nietos

eigentlich nur noch Überholungs- und Reparaturarbeiten durchgeführt. Auch ein wenig „umhergeschippert" sind wir hier.

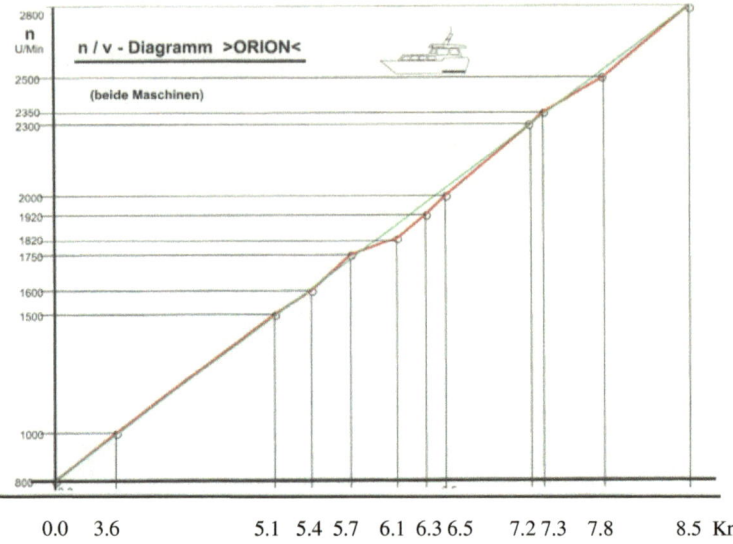

Im Mar Menor reichte dann im Sommer die Kühlung der beiden Dieselmaschinen doch nicht mehr so ganz. Bei Wassertemperaturen von 30 Grad, waren, für unsere „Norddeutschen" Verhältnisse, meine Kühlflächen wohl doch ein wenig zu klein. Wir konnten nur noch so ca. dreiviertel Last fahren. Musste ich mir mal wieder etwas einfallen lassen. Eine zusätzliche Pumpe in den inneren Kühlkreislauf , die bei zu hoher Temperatur mitlief, brachte auch nix. Also blieb nur noch, die Kühlfläche zu vergrößern, aber wie??? Ich habe vier, zwei Meter lange, „Rohrbündelkühler" angefertigt, und im Maschinenraum neben die Beiden Dieselmaschinen eingebaut. Jeweils einen Kühler für den Vorlauf, und einen für den Rücklauf. Es funktionierte zwar, kam aber nicht mehr so richtig zum Einsatz.

Im Mai 2008 sind wir vom Schiff auf den Caravaning La Manga umgezogen, und haben 2009 eine Parzelle, mit Eintragung in's Grundbuch, gekauft, und nun leben wir hier glücklich und zufrieden, und wollen auch nicht wieder hier weg!!!!! Das Kapitel „Bootsfahrt" haben wir, bis auf unser Beiboot samt Außenborder, mit dem wir so ab und an durchs Mar Menor fahren, abgeschlossen. Es war eine wirklich schöne Zeit, die wir auf unserer >ORION< verbracht haben, aber der ROST........!!!

Horst Friese, La Manga, den 23.04.2014

Herstellung und Verlag:
BoD - Books on Demand, Norderstedt
ISBN 978-3-7431-9045-0